CLÁSICOS ESENCIALES SANTILLANA

1. *Romancero.*

2. *Lazarillo de Tormes.*

3. Miguel de Cervantes: *Don Quijote de la Mancha.*

4. *Antología poética del Renacimiento al Barroco.*

5. Tirso de Molina: *El Burlador de Sevilla.*
   José Zorrilla: *Don Juan Tenorio.*

6. Gustavo Adolfo Bécquer: *Rimas* y *Leyendas.*

7. *Antología de la novela realista.*

8. *Antología poética de Antonio Machado.*

9. Miguel de Unamuno: *Niebla.*

10. Miguel Mihura: *Tres sombreros de copa.*

11. *Poema de mio Cid.*

12. Fernando de Rojas: *La Celestina.*

13. Félix Lope de Vega y Carpio: *Fuente Ovejuna.*

14. Pedro Calderón de la Barca: *La vida es sueño.*

15. Francisco de Quevedo: *El Buscón.*

16. Leandro Fernández Moratín: *El sí de las niñas.*

17. *Periodismo y costumbrismo en el siglo XIX.*

18. *Antología poética de la generación del 27.*

19. Alfonso Sastre: *La taberna fantástica.*

20. Max Aub: *Campo cerrado.*

21. *Poesía medieval en España.*

22. Miguel de Cervantes: *Entremeses.*

23. José Cadalso: *Cartas marruecas.*

24. *Antología de la generación del 98.*

25. *Antología poética de Pablo Neruda.*

ENTREMESES

MIGUEL DE CERVANTES

ENTREMESES

Estudio y notas por

Celsa Carmen García Valdés

Santillana

Dirección:	Sergio Sánchez Cerezo
Edición:	Alberto Martín Baró
Revisión y corrección:	Manuel Sequeiros y Rocío Bermúdez
Diseño de cubierta:	Bestiario S. L., Elisa Rodríguez
Diseño de interior:	José Luis Andrade
Dirección de arte:	Juan José Vázquez
Selección de ilustraciones:	Maryse Pinet, Marilé Rodrigálvarez
Composición y ajuste:	Ángeles Bárzano, Francisco Lozano
Realización:	José García
Dirección de realización:	Francisco Romero

© De esta edición: 1997, Grupo Santillana de Ediciones, S. A.
   Torrelaguna, 60. 28043 Madrid

Aguilar, Altea, Taurus, Alfaguara, S. A.
Beazley, 3860. 1437 Buenos Aires

Aguilar, Altea, Taurus, Alfaguara, S. A. de C. V.
Avda. Universidad, 767, Col. Del Valle
México, D. F. C. P. 03100

Editorial Santillana, S. A.
Calle 80, n.º 10-23
Santafé de Bogotá - Colombia

Aguilar Chilena de Ediciones, Ltda.
Dr. Aníbal Ariztia, 1444
Providencia - Santiago de Chile (Chile)

Ediciones Santillana, S. A.
Javier de Viana, 2350
11200 Montevideo - Uruguay

Santillana Publishing Co.
2105 NW. 86th Avenue
Miami, FL 33122

Printed in Spain
Impreso en España por
Unigraf, S. A., Móstoles (Madrid)
ISBN: 84-294-5312-1
Depósito legal: M-38.791-1999

Índice

Índice

Presentación

*E*n 1615, un año antes de su muerte, publica Cervantes Ocho entremeses nuevos, nunca representados para que el lector «vea despacio lo que pasa apriesa y se disimula o no se entiende cuando lo representan». Sin embargo, estas piezas, en la primordial intención del autor, estaban destinadas al escenario público.

Lectura reposada y representación escénica, ¿pero tienen los entremeses cervantinos virtudes propias para seguir interesando al público actual? Las repetidas ediciones y representaciones a lo largo de los últimos cincuenta años así lo demuestran: se acude a los clásicos buscando claves para la comprensión de problemas contemporáneos.

En los entremeses de Cervantes, apreciadas joyas del llamado teatro breve, las flaquezas humanas —las mismas hoy que ayer— aparecen envueltas en el cegador deslumbramiento de la broma y la ironía.

MIGUEL DE CERVANTES

ENTREMESES

EL JUEZ DE LOS DIVORCIOS

Sale el JUEZ, *y otros dos con él, que son* ESCRIBANO *y* PRO-
CURADOR, *y siéntase en una silla; salen el* VEJETE *y* MARIANA, *su*
mujer.

MARIANA.   Aun bien que está ya el señor juez de los divorcios sen-
tado en la silla de su audiencia. Desta vez tengo que
quedar dentro o fuera; desta vegada tengo de quedar libre de pedido y alcabala, como el gavilán[1].

VEJETE.   Por amor de Dios, Mariana, que no almodonees[2] tanto
tu negocio; habla paso[3], por la pasión que Dios pasó;
mira que tienes atronada a toda la vecindad con tus gritos; y, pues tienes delante al señor juez, con menos voces le puedes informar de tu justicia.

JUEZ.   ¿Qué pendencia traéis, buena gente?

MARIANA.   Señor, ¡divorcio, divorcio, y más divorcio, y otras mil
veces divorcio!

JUEZ.   ¿De quién, o por qué, señora?

MARIANA.   ¿De quién? Deste viejo, que está presente.

JUEZ.   ¿Por qué?

MARIANA.   Porque no puedo sufrir sus impertinencias, ni estar contino[4] atenta a curar todas sus enfermedades, que son sin
número; y no me criaron a mí mis padres para ser hos-

---

[1] *Desta vez:* de esta vez –*desta vegada*– tengo que quedar libre de impuestos, como
el gavilán, porque estas aves utilizadas en la caza estaban exentas de pagar tributos.

[2] *almodonees:* gritar, publicar a gritos, como en almoneda. Por eso algunos editores
corrigen en *almonedees*.

[3] *paso:* despacio, en voz baja.

[4] *contino:* continuamente.

pitalera ni enfermera. Muy buen dote llevé al poder desta espuerta de huesos, que me tiene consumidos todos los días de la vida; cuando entré en su poder me relumbraba la cara como un espejo, y agora[5] la tengo con una vara de frisa[6] encima. Vuesa merced, señor juez, me descase, si no quiere que me ahorque; mire, mire los surcos que tengo por este rostro, de las lágrimas que derramo cada día, por verme casada con esta anotomía[7].

JUEZ. No lloréis, señora; bajad la voz y enjugad las lágrimas, que yo os haré justicia.

MARIANA. Déjeme vuesa merced llorar, que con esto descanso. En los reinos y en las repúblicas bien ordenadas, había de ser limitado el tiempo de los matrimonios, y de tres en tres años se habían de deshacer, o confirmarse de nuevo, como cosa de arrendamiento[8], y no que hayan de durar toda la vida, con perpetuo dolor de entrambas partes.

JUEZ. Si ese arbitrio[9] se pudiera o debiera poner en prática, y por dineros, ya se hubiera hecho; pero especificad más, señora, las ocasiones que os mueven a pedir divorcio.

MARIANA. El ivierno de mi marido, y la primavera de mi edad; el quitarme el sueño, por levantarme a media noche a calentar paños y saquillos de salvado para ponerle en la ijada; el ponerle, ora aquesto, ora aquella ligadura, que ligado le vea yo a un palo por justicia; el cuidado que tengo de ponerle de noche [a la] cabecera de la cama jarabes lenitivos, porque no se ahogue del pecho; y el estar obligada a sufrirle el mal olor de la boca, que le güele mal a tres tiros de arcabuz.

ESCRIBANO. Debe de ser de alguna muela podrida.

VEJETE. No puede ser, porque lleve el diablo la muela ni diente que tengo en toda ella.

PROCURADOR. Pues ley hay, que dice (según he oído decir) que por sólo el mal olor de la boca se puede desc[as]ar la mujer del marido, y el marido de la mujer.

---

[5] *agora*: ahora; ambas formas coexisten en la lengua de la época.

[6] *frisa*: paño de lana con el pelo rizado, como el astracán, usado en los lutos.

[7] *anotomía*: anatomía, esqueleto, momia.

[8] Los arrendamientos reales lo eran por un plazo no superior a tres años.

[9] *arbitrio*: solución que un particular proponía al gobierno sobre algún problema público.

VEJETE.   En verdad, señores, que el mal aliento que ella dice que tengo, no se engendra de mis podridas muelas, pues no las tengo, ni menos procede de mi estómago, que está sanísimo, sino desa mala intención de su pecho. Mal conocen vuesas mercedes a esta señora; pues a fe que, si la conociesen, que la ayunarían o la santiguarían[10]. Veinte y dos años ha que vivo con ella mártir, sin haber sido jamás confesor de sus insolencias, de sus voces y de sus fantasías, y ya va para dos años que cada día me va dando vaivenes y empujones hacia la sepultura, a [puras] voces me tiene medio sordo, y, a puro reñir, sin juicio. Si me cura, como ella dice, cúrame a regañadientes; habiendo de ser suave la mano y la condición del médico. En resolución, señores, yo soy el que muero en su poder, y ella es la que vive en el mío, porque es señora, con mero mixto imperio[11], de la hacienda que tengo.

MARIANA.   ¿Hacienda vuestra? y ¿qué hacienda tenéis vos, que no la hayáis ganado con la que llevastes en mi dote? Y son míos la mitad de los bienes gananciales, mal que os pese; y dellos y de la dote, si me muriese agora, no os dejaría valor de un maravedí, porque veáis el amor que os tengo.

JUEZ.   Decid, señor: cuando entrastes en poder de vuestra mujer, ¿no entrastes gallardo, sano, y bien acondicionado?

VEJETE.   Ya he dicho que ha veinte y dos años que entré en su poder, como quien entra en el de un cómitre calabrés[12] a remar en galeras de por fuerza, y entré tan sano, que podía decir y hacer como quien juega a las pintas[13].

MARIANA.   Cedacico nuevo, tres días en estaca[14].

JUEZ.   Callad, callad, nora en tal[15] mujer de bien, y andad con Dios; que yo no hallo causa para descasaros; y, pues

....

[10] *la ayunarían o la santiguarían*: la evitarían o se santiguarían cuando la vieran como si viesen al diablo.

[11] *con mero mixto imperio*: es una expresión jurídica que significa 'con dominio absoluto'.

[12] *cómitre*: patrón de los remeros en las galeras; algunos renegados calabreses fueron especialmente duros con los condenados a galeras.

[13] El juego de *las pintas* es un juego de naipes en el que *decir y hacer* significa 'envidar y querer'.

[14] *Cedacico nuevo, tres días en estaca*: expresión que se dice para indicar que la bondad dura poco.

[15] *nora en tal*: especie de juramento como «voto a tal».

comistes las maduras, gustad de las duras; que no está obligado ningún marido a tener la velocidad y corrida del tiempo, que no pase por su puerta y por sus días; y descontad los malos que ahora os da, con los buenos que os dio cuando pudo; y no repliquéis más palabra.

VEJETE.   Si fuese posible recebiría gran merced que vuesa merced me la hiciese de despenarme, alzándome esta carcelería; porque, dejándome así, habiendo ya llegado a este rompimiento, será de nuevo entregarme al verdugo que me martirice; y si no, hagamos una cosa: enciérrese ella en un monasterio, y yo en otro; partamos la hacienda, y desta suerte podremos vivir en paz y en servicio de Dios lo que nos queda de la vida.

MARIANA.   ¡Malos años! ¡Bonica soy yo para estar encerrada! No sino llegaos a la niña, que es amiga de redes, de tornos, rejas y escuchas[16]; encerraos vos, que lo podréis llevar y sufrir, que ni tenéis ojos con qué ver, ni oídos con qué oír, ni pies con qué andar, ni mano con qué tocar: que yo, que estoy sana, y con todos mis cinco sentidos cabales y vivos, quiero usar dellos a la descubierta, y no por brújula, como quínola dudosa[17].

ESCRIBANO.   Libre es la mujer.

PROCURADOR.   Y prudente el marido; pero no puede más.

JUEZ.   Pues yo no puedo hacer este divorcio, *quia nullam invenio causam*[18].

Entra un SOLDADO *bien aderezado, y su mujer* DOÑA GUIOMAR.

GUIOMAR.   ¡Bendito sea Dios!, que se me ha cumplido el deseo que tenía de verme ante la presencia de vuesa merced, a quien suplico, cuan encarecidamente puedo, sea servido de descasarme déste.

....

[16] Elementos propios de las clausuras de monjas. *Escucha* es la monja que asiste a la conversación de otra religiosa en el locutorio.

[17] *quínolas*: juego de naipes en que el lance principal consiste en hacer cuatro cartas, cada una de su palo. Como no están las cartas al descubierto, los jugadores *brujulean*, atisban, calculando sus posibilidades.

[18] 'No hallo ningún motivo'. En el evangelio de *San Lucas*, 23,4, se encuentran estas palabras que pronunció Pilatos no queriendo sentenciar a Jesús.

JUEZ.	¿Qué cosa es *déste*? ¿No tiene otro nombre? Bien fuera que dijérades siquiera: «deste hombre».
GUIOMAR.	Si él fuera hombre, no procurara yo descasarme.
JUEZ.	Pues ¿qué es?
GUIOMAR.	Un leño.
SOLDADO.	[*Aparte.*] Por Dios, que he de ser leño en callar y en sufrir. Quizá con no defenderme, ni contradecir a esta mujer, el juez se inclinará a condenarme; y, pensando que me castiga, me sacará de cautiverio, como si por milagro se librase un cautivo de las mazmorras de Tetuán[19].
PROCURADOR.	Hablad más comedido, señora, y relatad vuestro negocio, sin improperios de vuestro marido, que el señor juez de los divorcios, que está delante, mirará rectamente por vuestra justicia.
GUIOMAR.	Pues ¿no quieren vuesas mercedes que llame leño a una estatua, que no tiene más acciones que un madero?
MARIANA.	Ésta y yo nos quejamos sin duda de un mismo agravio.
GUIOMAR.	Digo, en fin, señor mío, que a mí me casaron con este hombre, ya que quiere vuesa merced que así lo llame, pero no es este hombre con quien yo me casé.
JUEZ.	¿Cómo es eso?, que no os entiendo.
GUIOMAR.	Quiero decir, que pensé que me casaba con un hombre moliente y corriente, y a pocos días hallé que me había casado con un leño, como tengo dicho; porque él no sabe cuál es su mano derecha, ni busca medio ni trazas para granjear un real con que ayude a sustentar su casa y familia. Las mañanas se le pasan en oír misa y en estarse en la puerta de Guadalajara[20] murmurando, sabiendo nuevas, diciendo y escuchando mentiras; y las tardes, y aun las mañanas también, se va de casa en casa de juego, y allí sirve de número a los mirones, que, según he oído decir, es un género de gente a quien aborrecen en todo estremo los gariteros. A las dos de la tarde viene a comer, sin que le hayan dado un real de barato[21], porque ya no se usa el darlo; vuélvese a ir;

---

[19] *mazmorras de Tetuán*: prisiones subterráneas de los piratas berberiscos en esta localidad norteafricana.

[20] La puerta de Guadalajara era una de las puertas principales de la villa de Madrid, famosa por sus tiendas y por ser lugar donde se reunía mucha gente ociosa.

[21] *dar barato*: propina que daban los que ganaban en el juego a los mirones.

vuelve a media noche; cena si lo halla; y si no, santígua-se, bosteza, y acuéstase; y en toda la noche no sosiega, dando vueltas. Pregúntole qué tiene. Respóndeme que está haciendo un soneto en la memoria para un amigo que se le ha pedido; y da en ser poeta, como si fuese oficio con quien no estuviese vinculada la necesidad del mundo.

SOLDADO. Mi señora doña Guiomar, en todo cuanto ha dicho, no ha salido de los límites de la razón; y, si yo no la tuviera en lo que hago, como ella la tiene en lo que dice, ya había yo de haber procurado algún favor de palillos[22] de aquí o de allí, y procurar verme, como se ven otros hombrecitos aguditos y bulliciosos, con una vara en las manos, y sobre una mula de alquiler, pequeña, seca y maliciosa, sin mozo de mulas que le acompañe, porque las tales mulas nunca se alquilan sino a faltas y cuando están de nones[23]; sus alforjitas a las ancas, en la una un cuello y una camisa, y en la otra su medio queso, y su pan y su bota; sin añadir a los vestidos que trae de rúa[24], para hacellos de camino, sino unas polainas y una sola espuela; y, con una comisión y aun comezón[25] en el seno, sale por esa Puente Toledana raspahilando, a pesar de las malas mañas de la harona[26], y, a cabo de pocos días, envía a su casa algún pernil de tocino, y algunas varas de lienzo crudo; en fin, de aquellas cosas que valen baratas en los lugares del distrito de su comisión, y con esto sustenta su casa como el pecador mejor puede; pero yo, que, ni tengo oficio, [ni beneficio], no sé qué hacerme, porque no hay señor que quiera servirse de mí, porque soy casado; así que me será forzoso suplicar a vuesa merced, señor juez, pues ya por pobres son tan enfadosos los hidalgos, y mi mujer lo pide, que nos divida y aparte.

---

[22] *favor de palillos*: 'socorro judicial', por alusión a las varas de madera que los ministros de justicia llevaban como símbolo de autoridad.

[23] *a faltas y cuando están de nones*: cuando no tienen pareja, por lo que no puede ir el mozo de mulas, y están desocupadas *(estar de nones)*.

[24] *vestidos de rúa*: son vestidos de paseo por la ciudad, por oposición a los vestidos de camino.

[25] Sale el juez en su mula de alquiler, pobremente vestido, a cumplir una comisión, con el remordimiento *(comezón)* de que no iba a proceder con justicia. Se dice seguidamente que pronto envía a su casa cosas con que le sobornan: «que valen baratas».

[26] Salía con rapidez y atropelladamente *(raspahilando)* a pesar de que llevaba una mula vaga y perezosa *(harona)*.

GUIOMAR.   Y hay más en esto, señor juez; que, como yo veo que mi marido es tan para poco, y que padece necesidad, muérome por remedialle, pero no puedo, porque, en resolución, soy mujer de bien, y no tengo de hacer vileza.

SOLDADO.   Por eso solo merecía ser querida esta mujer; pero, debajo deste pundonor, tiene encubierta la más mala condicion de la tierra; pide celos sin causa; grita sin por qué; presume sin hacienda; y, como me ve pobre, no me estima en el baile del rey Perico[27]; y es lo peor, señor juez, que quiere que, a trueco de la fidelidad que me guarda, le sufra y disimule millares de millares de impertinencias y desabrimientos que tiene.

GUIOMAR.   ¿Pues no? ¿Y por qué no me habéis vos de guardar a mí decoro y respeto, siendo tan buena como soy?

SOLDADO.   Oíd, señora doña Guiomar: aquí delante destos señores os quiero decir esto: ¿Por qué me hacéis cargo de que sois buena, estando vos obligada a serlo, por ser de tan buenos padres nacida, por ser cristiana, y por lo que debéis a vos misma? ¡Bueno es que quieran las mujeres que las repeten sus maridos porque son castas y honestas: como si en solo esto consistiese, de todo en todo, su perfección; y no echan de ver los desaguaderos por donde desaguan la fineza de otras mil virtudes que les faltan! ¿Qué se me da a mí con que seáis casta con vos misma, puesto que se me da mucho, si os descuidáis de que lo sea vuestra criada, y si andáis siempre rostrituerta, enojada, celosa, pensativa, manirrota, dormilona, perezosa, pendenciera, gruñidora, con otras insolencias deste jaez, que bastan a consumir las vidas de docientos maridos? Pero, con todo esto, digo, señor juez, que ninguna cosa destas tiene mi señora doña Guiomar; y confieso que yo soy el leño, el inhábil, el dejado y el perezoso; y que, por ley de buen gobierno, aunque no sea por otra cosa, está vuesa merced obligado a descasarnos; que desde aquí digo que no tengo ninguna cosa que alegar contra lo que mi mujer ha dicho, y que doy el pleito por concluso, y holgaré de ser condenado.

GUIOMAR.   ¿Qué hay que alegar contra lo que tengo dicho? Que no me dais de comer a mí, ni a vuestra criada, y monta que

---

[27] *no me estima en el baile del rey Perico*: no me tiene la más mínima estima.

[no] son muchas, sino una, y aun esa sietemesina, que no come por un grillo.

ESCRIBANO. Sosiéguense; que vienen nuevos demandantes.

Entra uno vestido de médico, y es CIRUJANO; *y* ALDONZA DE MINJACA, *su mujer.*

CIRUJANO. Por cuatro causas bien bastantes, vengo a pedir a vuesa merced, señor juez, haga divorcio entre mí y la señora doña Aldonza de Minjaca, mi mujer que está presente.

JUEZ. Resoluto venís; decid las cuatro causas.

CIRUJANO. La primera, porque no la puedo ver más que a todos los diablos; la segunda, por lo que ella se sabe; la tercera, por lo que yo me callo; la cuarta, porque no me lleven los demonios, cuando desta vida vaya, si he de durar en su compañía hasta mi muerte.

PROCURADOR. Bastantísimamente ha probado su intención.

MINJACA. Señor juez, vuesa merced me oiga, y advierta que, si mi marido pide por cuatro causas divorcio, yo le pido por cuatrocientas. La primera, porque, cada vez que le veo, hago cuenta que veo al mismo Lucifer; la segunda, porque fui engañada cuando con él me casé; porque él dijo que era médico de pulso[28], y remaneció cirujano, y hombre que hace ligaduras y cura otras enfermedades, que va a decir desto a médico, la mitad del justo precio; la tercera porque tiene celos del sol que me toca; la cuarta, que, como no le puedo ver, querría estar apartada dél dos millones de leguas

ESCRIBANO. ¿Quién diablos acertará a concertar estos relojes, estando las ruedas tan desconcertadas?

MINJACA. La quinta...

JUEZ. Señora, señora, si pensáis decir aquí todas las cuatrocientas causas, yo no estoy para escuchallas, ni hay lugar para ello; vuestro negocio se recibe a prueba[29], y andad con Dios; que hay otros negocios que despachar.

---

[28] *médico de pulso*: médico de medicina general, que, a diferencia de hoy, eran los que tenían más estudios.

[29] *recibir a prueba*: pasar a la fase del juicio en la que los litigantes, tras presentar sus alegaciones, deben aportar pruebas.

CIRUJANO. ¿Qué más pruebas, sino que yo no quiero morir con ella, ni ella gusta de vivir conmigo?

JUEZ. Si eso bastase para descasarse los casados, infinitísimos sacudirían de sus hombros el yugo del matrimonio.

Entra uno vestido de GANAPÁN, *con su caperuza cuarteada.*

GANAPÁN. Señor juez: ganapán[30] soy, no lo niego, pero cristiano viejo[31], y hombre de bien a las derechas; y, si no fuese que alguna vez me tomo del vino, o él me toma a mí, que es lo más cierto, ya hubiera sido prioste en la cofradía de los hermanos de la carga; pero, dejando esto aparte, porque hay mucho que decir en ello, quiero que sepa el señor juez, que, estando una vez muy enfermo de los vaguidos de Baco[32], prometí de casarme con una mujer errada[33]: volví en mí, sané y cumplí la promesa, y caséme con una mujer que saqué de pecado; púsela a ser placera; ha salido tan soberbia y de tan mala condición, que nadie llega a su tabla[34] con quien no riña, ora sobre el peso falto, ora sobre que le llegan a la fruta, y a dos por tres les da con una pesa en la cabeza, o adonde topa, y los deshonra hasta la cuarta generación[35], sin tener hora de paz con todas sus vecinas ya parleras[36], y yo tengo de tener todo el día la espada más lista que un sacabuche[37], para defendella; y no ganamos para pagar penas de pesos no maduros[38], ni de condenaciones de pendencias. Querría, si vuesa merced fuese servido, o que me apartase della, o por lo menos le mudase la condición acelerada que tiene, en otra más reportada y más blanda; y prométole a vuesa merced de descargalle de

---

[30] *ganapán*: mozo de cuerda, cargador.

[31] Los ganapanes, por lo general, eran moriscos y por lo tanto cristianos nuevos, así que quiere dejar clara su limpieza de sangre, sin antecedentes de morisco o de judío.

[32] Estaba borracho. *Baco* es el dios del vino.

[33] *mujer errada*: prostituta. El ganapán hizo promesa, si sanaba, de casarse con una prostituta para apartarla del pecado. La misma oportunidad se daba a los condenados a muerte y así podían eludir su pena.

[34] *tabla*: mostrador. El ganapán colocó a su mujer de verdulera (*placera*).

[35] Los insulta acordándose de sus padres y abuelos.

[36] *ya parleras*: que ya son charlatanas de por sí.

[37] Tiene que estar todo el día desenvainando y envainando la espada. *Sacabuche* es un instrumento de metal que se alarga y recoge en sí mismo.

[38] Pagaban multas (*penas*) por usar pesos que pesaban menos de lo que debieran (*no maduros*), como frutos que no han llegado a su sazón.

CIRUJANO.

balde todo el carbón que comprare este verano; que puedo mucho con los hermanos mercaderes de la costilla[39].

Ya conozco yo a la mujer deste buen hombre, y es tan mala como mi Aldonza; que no lo puedo más encarecer.

JUEZ.

Mirad, señores: aunque algunos de los que aquí estáis habéis dado algunas causas que traen aparejada sentencia de divorcio, con todo eso, es menester que conste por escrito, y que lo digan testigos; y así, a todos os recibo a prueba. Pero ¿qué es esto? ¿Música y guitarras en mi audiencia? ¡Novedad grande es ésta!

Entran dos músicos

MÚSICOS.

Señor juez, aquellos dos casados tan desavenidos, que vuesa merced concertó, redujo y apaciguó el otro día, están esperando a vuesa merced con una gran fiesta en su casa; y por nosotros le envían a suplicar sea servido de hallarse en ella y honrallos.

JUEZ.

Eso haré yo de muy buena gana, y pluguiese a Dios que todos los presentes se apaciguasen como ellos.

PROCURADOR.

Desa manera, moriríamos de hambre los escribanos y procuradores desta audiencia; que no, no, sino todo el mundo ponga demandas de divorcios; que al cabo, al cabo, los más se quedan como se estaban y nosotros habemos gozado del fruto de sus pendencias y necedades.

MÚSICOS.

Pues en verdad que desde aquí hemos de ir regocijando la fiesta.

Cantan los músicos

Entre casados de honor,
cuando hay pleito descubierto,
más vale el peor concierto,
que no el divorcio mejor.

Donde no ciega el engaño
simple, en que algunos están,
las riñas de por San Juan
son paz para todo el año[40].

....

[39] *mercaderes de costilla*: porque alquilan sus espaldas para llevar cargas.

[40] Refrán que quiere decir que, si en un contrato o concierto se discuten al principio bien todos los detalles, no habrá problemas posteriormente. Se decía así porque por San Juan se hacían los contratos de alquiler de casas y criados.

Resucita allí el honor,
y el gusto, que estaba muerto,
donde vale el peor concierto,
más que el divorcio mejor.

Aunque la rabia de celos
es tan fuerte y rigurosa,
si los pide una hermosa,
no son celos, sino cielos.

Tiene esta opinión Amor,
que es el sabio más experto:
que vale el peor concierto,
más que el divorcio mejor.

Era habitual
terminar
los entremeses
con música y baile.
Músicos.
Cuadro
de Pieter Grebber
(Museo de Bellas
Artes de Bilbao).

EL RUFIÁN[1] VIUDO,
LLAMADO TRAMPAGOS

Sale TRAMPAGOS *con un capuz de luto[2], y con él,* VADEMÉCUM, *su criado, con dos espadas de esgrima.*

TRAMPAGOS.	¿Vademécum?
VADEMÉCUM.	¿Señor?
TRAMPAGOS.	¿Traes las morenas[3]?
VADEMÉCUM.	Tráigolas.
TRAMPAGOS.	Está bien: muestra y camina.

Y saca aquí la silla de respaldo,
con los otros asientos de por casa.

VADEMÉCUM. ¿Qué asientos? ¿Hay alguno por ventura?   5

TRAMPAGOS. Saca el mortero, puerco, el broquel saca,
y el banco de la cama.

VADEMÉCUM.   Está impedido;
fáltale un pie.

TRAMPAGOS.   ¿Y es tacha?

VADEMÉCUM.   ¡Y no pequeña!

Éntrase VADEMÉCUM.

TRAMPAGOS. ¡Ah, Pericona, Pericona mía,
y aun de todo el concejo! En fin, llegóse   10
el tuyo: yo quedé, tú te has partido,

---

[1] *rufián*: el que comercia con las prostitutas y las protege.

[2] *capuz de luto*: capa larga de bayeta negra, que era el traje habitual de luto.

[3] *morenas*: espadas negras o de esgrima, que tenían la punta embotada; las que servían para reñir eran blancas.

y es lo peor que no imagino adónde,
aunque, según fue el curso de tu vida,
bien se puede creer piadosamente
que estás en parte... aun no me determino 15
de señalarte asiento en la otra vida.
Tendréla yo, sin ti, como de muerte.
¡Que no me hallara yo a tu cabecera
cuando diste el espíritu a los aires,
para que le acogiera entre mis labios,
y en mi estómago limpio le envasara[4]! 20
¡Miseria humana! ¿Quién de ti confía?
Ayer fui Pericona, hoy tierra fría,
como dijo un poeta celebérrimo.

Entra CHIQUIZNAQUE, *rufián.*

CHIQUIZNAQUE.   Mi so[5] Trampagos, ¿es posible sea 25
voacé[6] tan enemigo suyo
que se entumbe, se encubra y se trasponga
debajo desa sombra bayetuna
el sol hampesco[7]? So Trampagos, basta
tanto gemir, tantos suspiros bastan; 30
trueque voacé las lágrimas corrientes
en limosnas y en misas y oraciones
por la gran Pericona, que Dios haya;
que importan más que llantos y sollozos.

TRAMPAGOS.   Voacé ha garlado como un tólogo[8], 35
mi señor Chinquiznaque; pero, en tanto
que encarrilo mis cosas de otro modo,
tome vuesa merced, y platiquemos
una levada nueva[9].

CHIQUIZNAQUE.   So Trampagos,
no es éste tiempo de levadas: llueven
o han de llover hoy pésames adunia[10], 40
y, ¿hémonos de ocupar en levadicas?

---

[4] Se lamenta por no haber estado presente en el momento de su muerte para recoger su postrer aliento.

[5] *so*: señor, como *sor*, en el verso 128.

[6] *voacé*: es el equivalente a vuestra merced en lengua de germanía.

[7] Reprocha a Trampagos, rey del hampa, que se oculte bajo la tosca bayeta negra.

[8] *garlar*: hablar, en lengua de germanía; *tólogo*, deformación de *teólogo*.

[9] *levada*: es una suerte o treta de esgrima; aquí *platicar* está por practicar.

[10] *adunia*: en abundancia.

Entra VADEMÉCUM *con la silla, muy vieja y rota.*

VADEMÉCUM.	¡Bueno, por vida mía! ¡Quien le quita
	a mi señor de líneas y posturas[11],
	le quita de los días de la vida.
TRAMPAGOS.	Vuelve por el mortero y por el banco,
	y el broquel no se olvide, Vademécum.
VADEMÉCUM.	Y aun trairé[12] el asador, sartén y platos.

45

Vuélvese a entrar.

TRAMPAGOS.	Después platicaremos una treta,
	única, a lo que creo, y peregrina[13];
	que el dolor de la muerte de mi ángel
	las manos ata y el sentido todo.
CHIQUIZNAQUE.	¿De qué edad acabó la mal lograda?
TRAMPAGOS.	Para con sus amigas y vecinas,
	treinta y dos años tuvo.
CHIQUIZNAQUE.	¡Edad lozana!
TRAMPAGOS.	Si va a decir verdad, ella tenía
	cincuenta y seis; pero, de tal manera
	supo encubrir los años, que me admiro.
	¡Oh, qué teñir de canas! ¡Oh, qué rizos,
	vueltos de plata en oro los cabellos!
	A seis del mes que viene hará quince años
	que fue mi tributaria[14], sin que en ellos
	me pusiese en pendencia o en peligro
	de verme palmeadas[15] las espaldas.
	Quince cuaresmas, si en la cuenta acierto,
	pasaron por la pobre desde el día
	que fue mi cara, agradecida prenda,
	en las cuales sin duda susurraron
	a sus oídos treinta y más sermones[16],

50

55

60

65

---

[11] *líneas y posturas*: lances de la esgrima.

[12] *trairé*: vulgarismo por traeré.

[13] *peregrina*: poco vista, rara.

[14] *tributaria*: porque la prostituta pagaba al rufián Trampagos.

[15] *palmeadas*: azotadas.

[16] Se alude en estos versos a la costumbre de que las prostitutas fuesen adoctrinadas en Cuaresma para intentar apartarlas de la mala vida. Los temas de los sermones serían muy truculentos con el fin de provocar en ellas el arrepentimiento, según se explica en los versos siguientes, aunque la difunta se mantenía firme.

y en todos ellos, por respeto mío, 70
estuvo firme, cual está a las olas
del mar movible la inmovible roca.
¡Cuántas veces me dijo la pobreta,
saliendo de los trances rigurosos
de gritos y plegarias y de ruegos, 75
sudando y trasudando: «¡Plega al cielo,
Trampagos mío, que en descuento vaya
de mis pecados lo que aquí yo paso
por ti, dulce bien mío!»

CHIQUIZNAQUE.   ¡Bravo triunfo!
¡Ejemplo raro de inmortal firmeza! 80
¡Allá lo habrá hallado!

TRAMPAGOS.   ¿Quién lo duda?
Ni aun una sola lágrima vertieron
jamás sus ojos en las sacras pláticas,
cual si de esparto o pedernal su alma
formada fuera.

CHIQUIZNAQUE.   ¡Oh, hembra benemérita 85
de griegas y romanas alabanzas!
¿De qué murió?

TRAMPAGOS.   ¿De qué? Casi de nada:
los médicos dijeron que tenía
malos los hipocondrios y los hígados,
y que con agua de taray[17] pudiera 90
vivir, si la bebiera, setenta años.

CHIQUIZNAQUE. ¿No la bebió?

TRAMPAGOS.   Murióse.

CHIQUIZNAQUE.   Fue una necia.
¡Bebiérala hasta el día del juicio,
que hasta entonces viviera! El yerro estuvo
en no hacerla sudar.

TRAMPAGOS.   Sudó once veces[18]. 95

---

[17] *agua de taray*: infusión hecha con corteza de tamarisco de propiedades desinfectantes y astringentes.

[18] Provocar el sudor con diversos procedimientos era una de las formas de curar la sífilis.

Entra Vademécum *con los asientos referidos.*

CHIQUIZNAQUE. ¿Y aprovechóle alguna?

TRAMPAGOS. Casi todas:
siempre quedaba como un ginjo[19] verde,
sana como un peruétano o manzana.

CHIQUIZNAQUE. Dícenme que tenía ciertas fuentes
en las piernas y brazos.

TRAMPAGOS. La sin dicha   100
era un Aranjüez[20]; pero, con todo,
hoy come en ella, la que llaman tierra,
de las más blancas y hermosas carnes
que jamás encerraron sus entrañas;
y, si no fuera porque habrá dos años   105
que comenzó a dañársele el aliento,
era abrazarla, como quien abraza
un tiesto de albahaca o clavellinas.

CHIQUIZNAQUE. Neguijón debió ser, o corrimiento[21],
el que dañó las perlas de su boca,   110
quiero decir, sus dientes y sus muelas.

TRAMPAGOS. Una mañana amaneció sin ellos.

VADEMÉCUM. Así es verdad, mas fue deso la causa
que anocheció sin ellos; de los finos,
cinco acerté a contarle; de los falsos,   115
doce disimulaba en la covacha.

TRAMPAGOS. ¿Quién te mete a ti en esto, mentecato?

VADEMÉCUM. Acredito verdades.

TRAMPAGOS. Chiquiznaque,
ya se me ha reducido a la memoria
la treta de denantes; toma, y vuelve   120
al ademán primero.

VADEMÉCUM. Pongan pausa,
y quédese la treta en ese punto;
que acuden moscovitas[22] al reclamo.

---

[19] La comparación no es elogiosa porque el *ginjo* o *azufaifo* es un arbusto espinoso. Lo mismo sucede con *peruétano*: pera salvaje.

[20] Los jardines de Aranjuez, famosos por sus fuentes, sirven aquí de comparación irónica. Las *fuentes* de la finada eran llagas que supuran.

[21] *neguijón*: enfermedad que carcome los dientes y los pone negros. *Corrimiento*: acumulación de humores en alguna parte del cuerpo, como los dientes o los ojos.

[22] *moscovitas*: moscas, moscones.

	La Repulida viene y la Pizpita,
	y la Mostrenca, y el jayán[23] Juan Claros.
TRAMPAGOS.	Vengan en hora buena; vengan ellos
	en cien mil norabuenas.

Entran la REPULIDA, *la* PIZPITA, *la* MOSTRENCA, *y el rufián* JUAN CLAROS.

JUAN.	En las mismas esté mi sor Trampagos.
REPULIDA.	Quiera el cielo mudar su escuridad en luz clarísima.
PIZPITA.	Desollado le viesen ya mis lumbres de aquel pellejo lóbrego y escuro[24].
MOSTRENCA.	¡Jesús, y qué fantasma noturnina! Quítenmele delante.
VADEMÉCUM.	¿Melindricos?
TRAMPAGOS.	Fuera yo un Polifemo, un antropófago, un troglodita, un bárbaro Zoílo[25], un caimán, un caribe, un come vivos, si de otra suerte me adornara en tiempo de tamaña desgracia.
JUAN.	Razón tiene.
TRAMPAGOS.	¡He perdido una mina potosisca[26], un muro de la hiedra de mis faltas, un árbol de la sombra de mis ansias!
JUAN.	Era la Pericona un pozo de oro.
TRAMPAGOS.	Sentarse a prima noche, y, a las horas que se echa el golpe[27], hallarse con sesenta numos en cuartos, ¿por ventura es barro? Pues todo esto perdí en la que ya pudre.

Líneas: 125, 130, 135, 140, 145

[23] *jayán*: rufián corpulento a quien los demás respetan.

[24] Desean verle ya libre de la negrura de los lutos; *lumbres*: ojos.

[25] Zoílo: Posiblemente de Zoilo, sofista griego (s. IV a. C.) famoso por ser un crítico severísimo; aquí con el sentido de murmurador, maldiciente. Los demás sustantivos, incluido Polifemo, el cíclope de la Odisea, quieren decir salvaje, despiadado.

[26] *mina potosisca*: mina de plata del Potosí, en la actual Bolivia, lugar que era proverbial por su riqueza en ese metal.

[27] *a las horas que se echa el golpe*: a la hora en que se cierra la mancebía; se cerraba la puerta de golpe y mecánicamente se echaba la cerradura. A esa hora, la prostituta había ganado sesenta numos, cultismo por moneda, en cuartos.

Repulida.	Confieso mi pecado; siempre tuve
	envidia a su no vista diligencia.
	No puedo más; yo hago lo que puedo,
	pero no lo que quiero.
Pizpita.	No te penes, 150
	pues vale más aquel que Dios ayuda,
	que el que mucho madruga: ya me entiendes.
Vademécum.	El refrán vino aquí como de molde;
	¡tal os dé Dios el sueño[28], mentecatas!
Mostrenca.	Nacidas somos; no hizo Dios a nadie 155
	a quien desamparase. Poco valgo;
	pero, en fin, como y ceno, y a mi cuyo[29]
	le traigo más vestido que un palmito[30].
	Ninguna es fea, como tenga bríos;
	feo es el diablo.
Vademécum.	Alega la Mostrenca 160
	muy bien de su derecho, y alegara
	mejor, si se añadiera el ser muchacha
	y limpia, pues lo es por todo extremo.
Chiquiznaque.	En el que está Trampagos me da lástima.
Trampagos.	Vestíme este capuz: mis dos lanternas 165
	convertí en alquitaras[31].
Vademécum.	¿De aguardiente?
Trampagos.	Pues ¿tanto cuelo yo, hi de malicias[32]?
Vademécum.	A cuatro lavanderas de la puente
	puede dar quince y falta en la colambre[33];
	miren qué ha de llorar, sino agua-ardiente. 170
Juan.	Yo soy de parecer que el gran Trampagos
	ponga silencio a su contino llanto,
	y vuelva al *sicut erat in principio*[34],
	digo a sus olvidadas alegrías;

---

[28] *tal os dé Dios el sueño*: expresión que se aplica a cosa que no es buena o verdadera. Antes se alude al refrán «A quien madruga, Dios ayuda», cambiando el sentido.

[29] *cuyo*: dueño; aquí, chulo.

[30] *más vestido que un palmito*: muy bien vestido.

[31] Convirtió sus ojos *(lanternas)* en *alquitaras* o alambiques por las lágrimas que vierte. Después se equipara el llanto al aguardiente.

[32] *cuelo*: trago, bebo; *hi de*: hijo de.

[33] Las lavanderas de Madrid, que lavaban en la Puente Segoviana, debían ser aficionadas al vino. En *colambre* juega con la dilogía del término: 'colada' y 'sed'.

[34] Expresión latina que significa 'como era en el principio'.

	y tome prenda que las suyas quite,	175
	que es bien que el vivo vaya a la hogaza,	
	como el muerto se va a la sepultura[35].	
REPULIDA.	Zonzorino Catón[36] es Chiquiznaque.	
PIZPITA.	Pequeña soy, Trampagos, pero grande	
	tengo la voluntad para servirte;	180
	no tengo cuyo, y tengo ochenta cobas[37].	
REPULIDA.	Yo ciento, y soy dispuesta y nada lerda.	
MOSTRENCA.	Veinte y dos tengo yo, y aun veinticuatro,	
	y no soy mema.	
REPULIDA.	¡Oh mi Jezúz! ¿Qué es esto?	
	¿Contra mí la Pizpita y la Mostrenca?	185
	¿En tela quieres competir conmigo,	
	culebrilla de alambre[38], y tú, pazguata?	
PIZPITA.	Por vida de los huesos de mi abuela,	
	doña Mari-Bobales, monda-níspolas,	
	que no la estimo en un feluz morisco[39].	190
	¡Han visto el ángel tonto almidonado,	
	cómo quiere empinarse sobre todas!	
MOSTRENCA.	Sobre mí no, a lo menos, que no sufro	
	carga que no me ajuste y me convenga.	
JUAN.	Adviertan que defiendo a la Pizpita.	195
CHIQUIZNAQUE.	Consideren que está la Repulida	
	debajo de las alas de mi amparo.	
VADEMÉCUM.	Aquí fue Troya, aquí se hacen rajas;	
	los de las cachas amarillas[40] salen;	
	aquí, otra vez fue Troya.	
REPULIDA.	Chiquiznaque,	200
	no he menester que nadie me defienda;	
	aparta, tomaré yo la venganza,	
	rasgando con mis manos pecadoras	
	la cara de membrillo cuartanario[41].	

[35] Alusión al refrán: «el muerto al hoyo y el vivo al bollo.»

[36] *Zonzorino Catón*: alusión humorística al orador romano Catón el Censor o Censorino (s. II a. C.), cuyo texto fue usado como primer libro en las escuelas medievales.

[37] *cobas*: reales, en lengua de germanía.

[38] *tela*: disputa, pelea. *Culebrilla de alambre*: alambre enrollado en espiral, con apariencia de culebra, que se disparaba al abrir una caja de sorpresas.

[39] *feluz morisco*: moneda de ínfimo valor.

[40] *los de las cachas amarillas*: cuchillos empleados generalmente por los matarifes.

[41] Cara amarilla como el membrillo, debido a la enfermedad de cuartanas.

JUAN.	¡Repulida, respeto al gran Juan Claros!	205
PIZPITA.	Déjala, venga: déjala que llegue	
	esa cara de masa mal sobada.	

Entra UNO *muy alborotado.*

UNO.	Juan Claros, ¡la justicia, la justicia!
	El alguacil de la justicia viene
	La calle abajo.

Éntrase luego.

JUAN.	¡Cuerpo de mi padre!	210
	¡No paro más aquí!	
TRAMPAGOS.	Ténganse todos:	
	ninguno se alborote: que es mi amigo	
	el alguacil; no hay que tenerle miedo.	

Torna a entrar.

UNO.	No viene acá, la calle abajo cuela. (*Vase.*)	
CHIQUIZNAQUE.	El alma me temblaba ya en las carnes,	215
	porque estoy desterrado[42].	
TRAMPAGOS.	Aunque viniera,	
	no nos hiciera mal, yo lo sé cierto;	
	que no puede chillar, porque está untado[43].	
VADEMÉCUM.	Cese, pues, la pendencia, y mi sor sea	
	el que escoja la prenda que le cuadre[44]	220
	o le esquine mejor.	
REPULIDA.	Yo soy contenta.	
PIZPITA.	Y yo también.	
MOSTRENCA.	Y yo.	
VADEMÉCUM.	Gracias al cielo	
	que he hallado a tan gran mal, tan gran remedio.	
TRAMPAGOS.	Abúrrome, y escojo.	
MOSTRENCA.	Dios te guíe.	

---

[42] Era bastante usual condenar por distintos motivos a destierro a cinco leguas de Madrid.

[43] *untado*: sobornado.

[44] *le cuadre*: le convenga. Pero hay, además, un juego de palabras entre *cuadrar* y *esquinar*.

REPULIDA.	Si te aburres, Trampagos, la escogida también será aburrida.	225
TRAMPAGOS.	Errado anduve: sin aburrirme escojo.	
MOSTRENCA.	Dios te guíe.	
[TRAMPAGOS.]	Digo que escojo aquí a la Repulida.	
JUAN.	Con su pan se lo coma, Chiquiznaque.	
CHIQUIZNAQUE.	Y aun sin pan, que es sabrosa en cualquier modo.	230
REPULIDA.	Tuya soy: ponme un clavo y una S[45] en estas dos mejillas.	
PIZPITA.	¡Oh hechicera!	
MOSTRENCA.	No es sino venturosa: no la envidies, porque no es muy católico Trampagos, pues ayer enterró a la Pericona, y hoy la tiene olvidada.	235
REPULIDA.	Muy bien dices.	
TRAMPAGOS.	Este capuz arruga, Vademécum, y dile al padre[46] que sobre él te preste una docena de reales.	
VADEMÉCUM.	Creo que tengo yo catorce.	
TRAMPAGOS.	Luego, luego, parte, y trae seis azumbres de lo caro. Alas pon en los pies.	240
VADEMÉCUM.	Y en las espaldas.	

Éntrase VADEMÉCUM *con el capuz, y queda en cuerpo*
TRAMPAGOS.

TRAMPAGOS.	¡Por Dios, que si durara la bayeta, que me pudieran enterrar mañana!	
REPULIDA.	¡Ay lumbre destas lumbres, que son tuyas y cuán mejor estás en este traje, que en el otro sombrío y malencónico!	245

....

[45] Es decir, hazme tu esclava. La S y el clavo, monograma de esclavo, eran las señales que se les ponían a los esclavos en la cara.

[46] *padre*: así se llamaba a la persona que estaba al frente de la mancebía.

Entran dos músicos, sin guitarras.

MÚSICO 1.º   Tras el olor del jarro nos venimos
yo y mi compadre.

TRAMPAGOS.   En hora buena sea;
¿y las guitarras?

MÚSICO 1.º   En la tienda quedan;   250
vaya por ellas Vademécum.

MÚSICO 2.º   Vaya:
mas yo quiero ir por ellas.

MÚSICO 1.º   De camino,

Éntrase el un músico.

diga a mi oíslo[47] que, si viene alguno
al *rapio rapis*[48], que me aguarde un poco;
que no haré sino colar seis tragos,   255
y cantar dos tonadas y partirme;
que ya el señor Trampagos, según muestra,
está para tomar armas de gusto.

Vuelve VADEMÉCUM.

VADEMÉCUM.   Ya está en el antesala el jarro.

TRAMPAGOS.   Traile.

VADEMÉCUM.   No tengo taza.

TRAMPAGOS.   Ni Dios te la depare.   260
El cuerno de orinar[49] no está estrenado;
tráele, que te maldiga el cielo santo;
que eres bastante a deshonrar un duque.

VADEMÉCUM.   Sosiéguese; que no ha de faltar copa,
y aun copas, aunque sean de sombreros   265
[*Aparte.*] A buen seguro que éste es churrullero[50].

---

[47] *oíslo*: consorte.

[48] *rapio, rapis*: afeitarse, raparse, lo que indica que el músico era barbero, cosa muy frecuente.

[49] *cuerno de orinar*: cuerno que se utilizaba como orinal.

[50] *churrullero*: soldado desertor.

Entra UNO, *como cautivo, con una cadena al hombro, y pónese a mirar a todos muy atento, y todos a él.*

REPULIDA.   ¡Jesús! ¿es visión ésta? ¿qué es aquesto?
¿No es éste Escarramán? Él es, sin duda.
¡Escarramán del alma, dame, amores,
esos brazos, coluna de la hampa![51]   270

TRAMPAGOS.   ¡Oh Escarramán, Escarramán amigo!
¿Cómo es esto? ¿A dicha eres estatua?
Rompe el silencio y habla a tus amigos.

PIZPITA.   ¿Qué traje es éste y qué cadena es ésta?
¿Eres fantasma a dicha? Yo te toco,   275
y eres de carne y hueso.

MOSTRENCA.   Él es, amiga;
no lo puede negar, aunque más calle.

ESCARRAMÁN.   Yo soy Escarramán, y estén atentos
al cuento breve de mi larga historia.

Vuelve el BARBERO *con dos guitarras, y da la una al compañero.*

Dio la galera al traste en Berbería,   280
donde la furia de un jüez me puso
por espalder[52] de la siniestra banda;
mudé de cautiverio y de ventura;
quedé en poder de turcos por esclavo;
de allí a dos meses, como al cielo plugo,   285
me levanté con una galeota;
cobré mi libertad y ya soy mío.
Hice voto y promesa inviolable
de no mudar de ropa ni de carga
hasta colgarla de los muros santos   290
de una devota ermita, que en mi tierra
llaman de San Millán de la Cogolla.
Y éste es el cuento de mi extraña historia,
digna de atesorarla en mi memoria.
La Méndez[53] no estará ya de provecho,   295
¿vive?

....

[51] *Escarramán*: famoso personaje del hampa (*coluna* –columna– *de la hampa*), cantado por Quevedo en una de sus jácaras más famosas.

[52] *espalder*: remero que marca en la galera el ritmo para los demás, a los que da la espalda.

[53] *la Méndez*: coima de Escarramán, según las jácaras de Quevedo.

JUAN.   Y está en Granada a sus anchuras.

CHIQUIZNAQUE. ¡Allí le duele al pobre todavía!

ESCARRAMÁN.   ¿Qué se ha dicho de mí en aqueste mundo,
en tanto que en el otro me han tenido
mis desgracias y gracia?

MOSTRENCA.   Cien mil cosas.   300
Ya te han puesto en la horca los farsantes[54].

PIZPITA.   Los muchachos han hecho pepitoria
de todas tus medulas y tus huesos.

REPULIDA.   Hante vuelto divino[55]; ¿qué más quieres?

CHIQUIZNAQUE. Cántante por las plazas, por las calles;   305
báilante en los teatros y en las casas;
has dado que hacer a los poetas,
más que dio Troya al mantuano Títiro[56].

JUAN.   Óyente resonar en los establos.

REPULIDA.   Las fregonas te alaban en el río;   310
los mozos de caballos te almohazan[57].

CHIQUIZNAQUE. Túndete el tundidor con sus tijeras;
muy más que el potro rucio[58] eres famoso.

MOSTRENCA.   Han pasado a las Indias tus palmeos[59],
en Roma se han sentido tus desgracias,   315
y hante dado botines *sine numero*[60].

VADEMÉCUM.   Por Dios que te han molido como alheña[61],
y te han desmenuzado como flores,
y que eres más sonado y más mocoso
que un reloj y que un niño de dotrina[62].   320

---

[54] En la comedia *El gallardo Escarramán*, de Alonso de Salas Barbadillo, se presenta a Escarramán condenado a la horca, de la que se salva casándose con una prostituta.

[55] *hante vuelto divino*: quiere decir que, como sucedió con muchas obras literarias áureas, las hazañas de Escarramán se cantaron adaptadas a un sentido religioso.

[56] *el mantuano Títiro*: alusión al poeta Virgilio, natural de Mantua, que cantó la destrucción de Troya en el canto II de la *Eneida*.

[57] *almohazar*: limpiar las caballerías con un instrumento llamado *almohaza*.

[58] *tundir*: cortar o igualar con las tijeras el pelo de los paños o de las pieles; *potro rucio*: alusión al famoso romance «Ensíllenme el potro rucio / del alcalde de los Véles», atribuido a Lope de Vega, y del romance paródico de Góngora «Ensíllenme el asno rucio».

[59] *palmeos*: tanto pueden ser azotes como aplausos.

[60] Te han bailado numerosas veces.

[61] *molido como alheña*: se dice del que está cansado y quebrantado. La *alheña* es una planta que se hace polvo para extraer una materia colorante.

[62] Juego de palabras con *sonado*: 'famoso', 'que suena los mocos', 'que suena las horas'. *Niño de dotrina*: niños huérfanos que acompañaban los entierros cantando.

De ti han dado querella todos cuantos
bailes pasaron en la edad del gusto,
con apretada y dura residencia;
pero llevóse el tuyo la excelencia.

ESCARRAMÁN.   Tenga yo fama, y hágame pedazos;   325
de Éfeso el templo abrasaré por ella[63].

> *Tocan de improviso los músicos, y comienzan a cantar este romance:*

«Ya salió de las gurapas[64]
el valiente Escarramán,
para asombro de la gura[65],
y para bien de su mal.»   330

ESCARRAMÁN.   ¿Es aquesto brindarme por ventura?
¿Piensan se me ha olvidado el regodeo?
Pues más ligero vengo que solía;
si no, toquen, y vaya, y fuera ropa[66].

PIZPITA.   ¡Oh flor y fruto de los bailarines!   335
Y ¡qué bueno has quedado!

VADEMÉCUM.   Suelto y limpio.

JUAN.   Él honrará las bodas de Trampagos.

ESCARRAMÁN.   Toquen; verán que soy hecho de azogue.

MÚSICOS   Váyanse todos por lo que cantare,
y no será posible que se yerren.   340

ESCARRAMÁN.   Toquen; que me deshago y que me bullo.

REPULIDA.   Ya me muero por verle en la estacada[67].

MÚSICOS.   Estén alerta todos.

CHIQUIZNAQUE.   Ya lo estamos.

> *Cantan*

«Ya salió de las gurapas
el valiente Escarramán,   345
para asombro de la gura,
y para bien de su mal.

---

[63] Alusión paródica a la leyenda griega que cuenta que el pastor Eróstrato incendió el templo de Diana en Éfeso para hacerse famoso.

[64] *gurapas*: galeras, en lengua de germanía.

[65] *gura*: justicia, en lengua de germanía.

[66] *fuera ropa*: expresión utilizada en las galeras para exhortar a los remeros a remar.

[67] *estacada*: lugar donde tenían lugar los desafíos; aquí, lugar del baile.

Ya vuelve a mostrar al mundo
su felice habilidad,
su ligereza y su brío,   350
y su presencia real.
Pues falta la Coscolina,
supla agora en su lugar
la Repulida, olorosa
más que la flor de azahar.   355
Y, en tanto que se remonda[68]
la Pizpita sin igual,
de la gallarda[69] el paseo
nos muestre aquí Escarramán.

Tocan la gallarda, dánzala ESCARRIMÁN, *que le ha de hacer el bailarín, y, en habiendo hecho una mudanza, prosíguese el romance.*

La Repulida comience,   360
con su brío, a rastrear,
pues ella fue la primera
que nos le vino a mostrar.
Escarramán la acompañe;
la Pizpita, otro que tal,   365
Chiquiznaque, y la Mostrenca,
con Juan Claros el galán.
¡Vive Dios que va de perlas!
No se puede desear
más ligereza o más garbo,   370
más certeza o más compás.
¡A ello, hijos, a ello!
No se pueden alabar
otras ninfas, ni otros rufos[70],
que nos pueden igualar.   375
¡Oh, qué demayar de manos!
¡Oh, qué huir y qué juntar!
¡Oh, qué nuevos laberintos,
donde hay salir y hay entrar!
Muden el baile a su gusto,   380
que yo le sabré tocar:

---

[68] *se remonda*: se aclara la garganta.
[69] *la gallarda*: baile aristocrático, bailado aquí por los rufianes.
[70] *ninfas ... rufos*: prostitutas ... rufianes, en lengua de germanía.

el canario, o las gambetas[71],
o *Al villano se lo dan,*
zarabanda o zambapalo,
el *Pésame dello* y más;   385
El rey don Alonso el Bueno,
gloria de la antigüedad.»

ESCARRAMÁN.   El canario, si le tocan,
a solas quiero bailar.

MÚSICO.   Tocaréle yo de plata;   390
tú de oro le bailarás.

Toca el canario, y baila solo ESCARRAMÁN; *y, en ha-
biéndole bailado, diga:*

ESCARRAMÁN.   Vaya *El villano* a lo burdo,
con la cebolla y el pan[72],
y acompáñenme los tres.

MÚSICO.   Que te bendiga San Juan.   395

*Bailan el villano, como bien saben, y, acabado el vi-
llano, pida* ESCARRAMÁN *el baile que quisiere, y, acabado, diga* TRAMPAGOS:

TRAMPAGOS.   Mis bodas se han celebrado
mejor que las de Roldán[73].
Todos digan, como digo:
¡Viva, viva Escarramán!

TODOS.   ¡Viva, viva!

---

[71] Enumera los nombres de los bailes más famosos de la época.

[72] Porque este baile toma el nombre del cantarcillo que comienza «Al villano se lo dan / con la cebolla y el pan».

[73] Alusión burlesca al personaje de la épica francesa, sobrino de Carlomagno, canta-do en muchos romances.

LA ELECCIÓN DE LOS ALCALDES DE DAGANZO[1]

Salen el BACHILLER PESUÑA; PEDRO ESTORNUDO, *escribano;* PANDURO, *regidor, y* ALONSO ALGARROBA, *regidor.*

PANDURO.	Rellánense; que todo saldrá a cuajo[2],
	si es que lo quiere el cielo benditísimo.
ALGARROBA.	Mas echémoslo a doce, y no se venda[3].
[PANDURO.]	Paz, que no será mucho que salgamos
	bien del negocio, si lo quiere el cielo. 5
[ALGARROBA.]	Que quiera, o que no quiera, es lo que importa...
PANDURO.	¡Algarroba, la luenga se os deslicia![4]
	Habrad acomedido y de buen rejo[5],
	que no me suenan bien esas palabras:
	«Quiera o no quiera el cielo»; por San Junco[6], 10
	que, como presomís de resabido,
	os arrojáis a trochemoche en todo.
ALGARROBA.	Cristiano viejo soy a todo ruedo[7],
	y creo en Dios a pies juntillas.
BACHILLER.	Bueno;
	no hay más que desear.

---

[1] *Daganzo*: pueblo madrileño que en la época de Cervantes pertenecía a la jurisdicción de Toledo.

[2] *a cuajo*: bien, a gusto de todos.

[3] La expresión *echarlo a doce y nunca se venda* significa 'embrollar un asunto y echarlo a perder'.

[4] La lengua de Panduro, con sus transgresiones (*luenga* por *lengua*, *deslicia* por –quizás– *desliza*), es propia de una forma rústica de hablar parodiada en el teatro de la época.

[5] *de buen rejo*: respetuosamente.

[6] Juramento con un santo fantástico, como más adelante San Pito (verso 51).

[7] *a todo ruedo*: totalmente; soy cristiano viejo, sin rastro de moro o judío.

ALGARROBA.	Y, si por suerte,	15
	hablé mal, yo confieso que soy ganso,	
	y doy lo dicho por no dicho.	

ESCRIBANO.   Basta;
no quiere Dios, del pecador más malo,
sino que viva y se arrepienta.

ALGARROBA.   Digo
que vivo y me arrepiento, y que conozco   20
que el cielo puede hacer lo que él quisiere,
sin que nadie le pueda ir a la mano,
especial cuando llueve.

PANDURO.   De las nubes,
Algarroba, cae el agua, no del cielo.

ALGARROBA.   ¡Cuerpo del mundo![8] si es que aquí venimos   25
a reprochar los unos a los otros,
díganmoslo; que a fe que no le falten
reproches a Algarroba a cada paso.

BACHILLER.   *Redeamus ad rem*[9], señor Panduro
y señor Algarroba; no se pase   30
el tiempo en niñerías escusadas.
¿Juntámonos aquí para disputas
impertinentes? ¡Bravo caso es éste,
que siempre que Panduro y Algarroba
están juntos, al punto se levantan   35
entre ellos mil borrascas y tormentas
de mil contradictorias intenciones!

ESCRIBANO.   El señor bachiller Pesuña tiene
demasiada razón; véngase al punto,
y mírese qué alcaldes nombraremos   40
para el año que viene, que sean tales,
que no les pueda calumniar Toledo,
sino que los confirme y dé por buenos,
pues para esto ha sido nuestra junta.

PANDURO.   De las varas hay cuatro pretensores: 45
Juan Berrocal, Francisco de Humillos,
Miguel Jarrete, y Pedro de la Rana;

---

[8] *¡Cuerpo del mundo!*: es juramento que pretende atenuar la irreverencia de «Cuerpo de Cristo» u otro semejante.

[9] Volvamos al asunto.

hombres todos de chapa y de caletre[10],
que pueden gobernar, no que a Daganzo,
sino a la misma Roma.

ALGARROBA.   A Romanillos[11].   50

ESCRIBANO. ¿Hay otro apuntamiento? ¡Por san Pito,
que me salga del corro!

ALGARROBA.   Bien parece
que se llama Estornudo el escribano,
que así se le encarama y sube el humo.
Sosiéguese, que yo no diré nada.   55

PANDURO. ¿Hallarse han por ventura en todo el sorbe?

ALGARROBA. ¿Qué es *sorbe*, sorbe-huevos? Orbe diga
el discreto Panduro, y serle ha sano.

PANDURO. Digo que en todo el mundo no es posible
que se hallen cuatro ingenios como aquestos   60
de nuestros pretensores.

ALGARROBA.   Por lo menos,
yo sé que Berrocal tiene el más lindo
distinto[12].

ESCRIBANO.   ¿Para qué?

ALGARROBA.   Para ser sacre[13]
en esto de mojón y cata-vinos.
En mi casa probó en días pasados   65
una tinaja, y dijo que sabía
el claro vino a palo, a cuero y hierro:
acabó la tinaja su camino,
y hallóse en el asiento della un palo
pequeño, y dél pendía una correa   70
de cordobán y una pequeña llave.

ESCRIBANO. ¡Oh rara habilidad! ¡Oh raro ingenio!
Bien puede gobernar, el que tal sabe,
a Alanís y a Cazalla, y aun a Esquivias[14].

---

[10] *hombre de chapa y de caletre*: personas principales y con buena cabeza.

[11] *Romanillos*: pequeño municipio de la provincia de Guadalajara.

[12] *distinto*: deformación de 'instinto'.

[13] *sacre*: tipo de halcón; quiere decir que Berrocal es un 'águila' en catar vinos. *Mojón* es sinónimo de 'catador'.

[14] Pueblos que en la época eran famosos por sus vinos. Alanís y Cazalla, de la provincia de Sevilla; Esquivias, de Toledo.

ALGARROBA. Miguel Jarrete es águila.

BACHILLER. ¿En qué modo? 75

ALGARROBA. En tirar con un arco de bodoques[15].

BACHILLER. ¿Qué, tan certero es?

ALGARROBA. Es de manera,
que, si no fuese porque los más tiros
se da en la mano izquierda, no habría pájaro
en todo este contorno.

BACHILLER. ¡Para alcalde 80
es rara habilidad, y necesaria!

ALGARROBA. ¿Qué diré de Francisco de Humillos?
Un zapato remienda como un sastre.
Pues ¿Pedro de la Rana? no hay memoria
que a la suya se iguale; en ella tiene 85
del antiguo y famoso perro de Alba
todas las coplas, sin que letra falte[16].

PANDURO. Éste lleva mi voto.

ESCRIBANO. Y aun el mío.

ALGARROBA. A Berrocal me atengo.

BACHILLER. Yo a ninguno.
Si es que no dan más pruebas de su ingenio,
a la jurisprudencia encaminadas. 90

ALGARROBA. Yo daré un buen remedio, y es aqueste:
hagan entrar los cuatro pretendientes,
y el señor bachiller Pesuña puede
examinarlos, pues el arte sabe, 95
y, conforme a su ciencia, así veremos
quién podrá ser nombrado para el cargo.

ESCRIBANO. ¡Vive Dios, que es rarísima advertencia!

PANDURO. Aviso es, que podrá servir de arbitrio[17]
para su Jamestad; que, como en corte 100
hay potra-médicos, haya potra-alcaldes[18].

....

[15] *arco de bodoques*: ballesta que lanza pelotas o bolas de barro.

[16] Alusión a unas famosas coplas en donde se cuenta el pleito de unos judíos de Alba de Tormes con un perro que les mordía y perseguía.

[17] *arbitrio*: ver nota 9 de *El juez de los divorcios*.

[18] Panduro continúa deformando las palabras; *Jamestad* (majestad), *potra-médicos* (protomédicos). Los protomédicos examinaban en la corte a los que pretendían ser médicos.

ALGARROBA.	*Prota*, señor Panduro; que no potra.
PANDURO.	Como vos no hay friscal en todo el mundo.
ALGARROBA.	¡*Fiscal*, pese a mis males!
ESCRIBANO.	¡Por Dios santo

que es Algarroba impertinente!

ALGARROBA.   Digo   105
que, pues se hace examen de barberos,
de herradores, de sastres, y se hace
de cirujanos y otras zarandajas,
también se examinasen para alcaldes,
y, al que se hallase suficiente y hábil   110
para tal menester, que se le diese
carta de examen[19], con la cual podría
el tal examinado remediarse;
porque de lata en una blanca caja
la carta acomodando merecida,   115
a tal pueblo podrá llegar el pobre,
que le pesen a oro; que hay hogaño
carestía de alcaldes de caletre
en lugares pequeños casi siempre.

BACHILLER.   Ello está muy bien dicho y bien pensado: 120
llamen a Berrocal, entre, y veamos
dónde llega la raya de su ingenio.

ALGARROBA.   Humillos, Rana, Berrocal, Jarrete,
los cuatro pretensores, se han entrado.

Entran estos cuatro labradores.

Ya los tienes presentes.

BACHILLER.   Bien venidos   125
sean vuesas mercedes.

BERROCAL.   Bien hallados
vuesas mercedes sean.

PANDURO.   Acomódense,
que asientos sobran.

HUMILLOS.   ¡Siéntome, y me siento[20]!

....

[19] *carta de examen*: certificado que se daba a los aprendices de un oficio de haber pasado las pruebas necesarias para ser oficial. Estos certificados y otros documentos solían llevarse en unos tubos o cajas de lata.

[20] *me siento*: me pesa de, me duelo; juego de palabras entre *sentarse* y *sentirse*, como se ve después por la pregunta de Rana.

JARRETE.	Todos nos sentaremos, Dios loado.
RANA.	¿De qué os sentís, Humillos?

HUMILLOS.
                                   De que vaya   130
tan a la larga nuestro nombramiento.
¿Hémoslo de comprar a gallipavos,
a cántaros de arrope y a abiervadas[21],
y botas de lo añejo tan crecidas,
que se arremetan a ser cueros? Díganlo,   135
y pondráse remedio y diligencia.

BACHILLER.
No hay sobornos aquí, todos estamos
de un común parecer, y es, que el que fuere
más hábil para alcalde, ese se tenga
por escogido y por llamado[22].

RANA.
                                   Bueno;   140
yo me contento.

BERROCAL.
                       Y yo.

BACHILLER.
                           Mucho en buen hora.

HUMILLOS.
También yo me contento.

JARRETE.
                         Dello gusto.

BACHILLER.
Vaya de examen, pues.

HUMILLOS.
                    De examen venga.

BACHILLER.
¿Sabéis leer, Humillos?

HUMILLOS.
                    No, por cierto,
ni tal se probará que en mi linaje   145
haya persona tan de poco asiento,
que se ponga a aprender esas quimeras
que llevan a los hombres al brasero[23],
y a las mujeres a la casa llana[24].
Leer no sé, mas sé otras cosas tales,   150
que llevan al leer ventajas muchas.

BACHILLER.
Y ¿cuáles cosas son?

---

[21] Es una palabra que no ha sido explicada, ya que el significado de chotas o becerras no parece ir de acuerdo con el resto de elementos con que Humillos supone que pueden comprar el cargo. Quizá tenga alguna relación con *brevas*.

[22] Se alude a la frase evangélica: «Muchos son los llamados y pocos los escogidos» (*Mateo*, 22,14).

[23] *brasero*: lugar donde quemaban a los condenados por el Santo Oficio.

[24] *casa llana*: prostíbulo, mancebía.

HUMILLOS.	Sé de memoria todas cuatro oraciones[25], y las rezo cada semana cuatro y cinco veces.
RANA.	Y ¿con eso pensáis de ser alcalde? 155
HUMILLOS.	Con esto, y con ser yo cristiano viejo, me atrevo a ser un senador romano.
BACHILLER.	Está muy bien. Jarrete diga agora qué es lo que sabe.
JARRETE.	Yo, señor Pesuña, sé leer, aunque poco; deletreo, 160 y ando en el *be-a-ba* bien ha tres meses, y en cinco más daré con ello a un cabo[26]; y, además desta ciencia que ya aprendo, sé calzar un arado bravamente, y herrar, casi en tres horas, cuatro pares 165 de novillos briosos y cerreros[27]; soy sano de mis miembros, y no tengo sordez ni cataratas, tos ni reumas; y soy cristiano viejo como todos, y tiro con un arco como un Tulio[28]. 170
ALGARROBA.	¡Raras habilidades para alcalde, necesarias y muchas!
BACHILLER.	Adelante. ¿Qué sabe Berrocal?
BERROCAL.	Tengo en la lengua toda mi habilidad, y en la garganta; no hay mojón[29] en el mundo que me llegue; 175 sesenta y seis sabores estampados tengo en el paladar, todos vináticos.
ALGARROBA.	Y ¿quiere ser alcalde?
BERROCAL.	Y lo requiero; pues, cuando estoy armado a lo de Baco, así se me aderezan los sentidos, 180

---

[25] Las cuatro oraciones eran el Padrenuestro, Avemaría, Credo y Salve.

[26] *daré con ello a un cabo*: acabaré.

[27] *cerreros*: bravos, sin domar.

[28] Comparación disparatada, ya que *Tulio* es el orador y escritor romano Marco Tulio Cicerón (s. I a. C.).

[29] *mojón*: catador de vinos.

que me parece a mí que en aquel punto
podría prestar leyes a Licurgo
y limpiarme con Bártulo[30].

PANDURO.   ¡Pasito;
que estamos en concejo!

BERROCAL.   No soy nada
melindroso ni puerco; sólo digo   185
que no se me malogre mi justicia,
que echaré el bodegón por la ventana.

BACHILLER.   ¿Amenazas aquí? Por vida mía,
mi señor Berrocal, que valen poco.
¿Qué sabe Pedro Rana?

RANA.   Como Rana,   190
habré de cantar mal; pero, con todo,
diré mi condición, y no mi ingenio.
Yo, señores, si acaso fuese alcalde,
mi vara no sería tan delgada
como las que se usan de ordinario: 195
de una encina o de un roble la haría,
y gruesa de dos dedos, temeroso
que no me la encorvase el dulce peso
de un bolsón de ducados, ni otras dádivas,
o ruegos, o promesas, o favores,   200
que pesan como plomo, y no se sienten
hasta que os han brumado[31] las costillas
del cuerpo y alma; y, junto con aquesto,
sería bien criado y comedido,
parte severo y nada riguroso;   205
nunca deshonraría al miserable
que ante mí le trujesen sus delitos;
que suele lastimar una palabra
de un juez arrojado[32], de afrentosa,
mucho más que lastima su sentencia,   210
aunque en ella se intime cruel castigo.
No es bien que el poder quite la crianza,
ni que la sumisión de un delincuente
haga al juez soberbio y arrogante.

[30] *Licurgo:* célebre legislador griego; *Bártulo:* famoso jurisconsulto italiano; Berrocal afirma que, cuando está borracho, podría limpiarse con sus obras.

[31] *brumado*: golpeado.

[32] *arrojado*: atrevido.

ALGARROBA.	¡Vive Dios, que ha cantado nuestra Rana mucho mejor que un cisne cuando muere![33]	215
PANDURO.	Mil sentencias ha dicho censorinas[34].	
ALGARROBA.	De Catón Censorino; bien ha dicho el regidor Panduro	
PANDURO.	¡Reprochadme!	
ALGARROBA.	Su tiempo se vendrá.	
ESCRIBANO.	Nunca acá venga. ¡Terrible inclinación es, Algarroba, la vuestra en reprochar!	220
ALGARROBA.	No más, so escriba.	
ESCRIBANO.	¿Qué *escriba*, fariseo[35]?	
BACHILLER.	¡Por San Pedro, que son muy demasiadas demasías éstas!	
ALGARROBA.	Yo me burlaba.	
ESCRIBANO.	Y yo me burlo.	225
BACHILLER.	Pues no se burlen más, por vida mía.	
ALGARROBA.	Quien miente, miente.	
ESCRIBANO.	Y quien verdad pronuncia, dice verdad.	
ALGARROBA.	Verdad.	
ESCRIBANO.	Pues punto en boca.	
HUMILLOS.	Esos ofrecimientos que ha hecho Rana, son desde lejos. A fe, que si él empuña vara, que él se trueque y sea otro hombre del que ahora parece.	230
BACHILLER.	Está de molde lo que Humillos ha dicho.	
HUMILLOS.	Y más añado: que, si me dan la vara, verán cómo no me mudo ni trueco, ni me cambio.	235

....

[33] Alusión a la leyenda clásica de que el cisne entona su mejor canto momentos antes de la muerte.

[34] *censorinas ... Catón Censorino*: ver nota 36 de *El rufián viudo*.

[35] Juego con la dilogía de *escriba*: el que copia documentos y el que interpreta la ley entre los judíos. En el primer caso, es despectivo de escribano; en el segundo caso, le trata de converso, de no ser cristiano viejo.

BACHILLER.   Pues veis aquí la vara, y haced cuenta
que sois alcalde ya.

ALGARROBA.   ¡Cuerpo del mundo!
¿La vara le dan zurda?

HUMILLOS.   ¿Cómo zurda?

ALGARROBA.   Pues ¿no es zurda esta vara? Un sordo o mudo
lo podrá echar de ver desde una legua.   240

HUMILLOS.   ¿Cómo, pues, si me dan zurda la vara,
quiero que juzgue yo derecho?

ESCRIBANO.   El diablo
tiene en el cuerpo este Algarroba; ¡miren
dónde jamás se han visto varas zurdas!

Entra UNO.

UNO.   Señores, aquí están unos gitanos   245
con unas gitanillas milagrosas;
y aunque la ocupación se les ha dicho
en que están sus mercedes, todavía
porfían que han de entrar a dar solacio[36]
a sus mercedes.

BACHILLER.   Entren, y veremos   250
si nos podrán servir para la fiesta
del Corpus, de quien yo soy mayordomo.

PANDURO.   Entren mucho en buen hora.

BACHILLER.   Entren luego.

HUMILLOS.   Por mí, ya los deseo.

JARRETE.   Pues yo, ¡pajas![37].

RANA.   ¿Ellos no son gitanos? pues adviertan   255
que no nos hurten las narices.

UNO.   Ellos,
sin que los llamen, vienen; ya están dentro.

---

[36] *dar solacio*: entretener.

[37] *pues yo, ¡pajas!*: da a entender que tanto puede hacer él como los otros; es decir, yo igual.

Entran los músicos de gitanos, y dos gitanas bien aderezadas, y al son deste romance, que han de cantar los músicos, ellas dancen.

MÚSICOS. «Reverencia os hace el cuerpo,
regidores de Daganzo,
hombres buenos de repente,   260
hombres buenos de pensado;
de caletre prevenidos
para proveer los cargos
que la ambición solicita
entre moros y cristianos.   265
Parece que os hizo el cielo,
el cielo, digo, estrellado,
Sansones para las letras,
y para las fuerzas Bártulos[38].»

JARRETE. Todo lo que se canta toca historia.   270

HUMILLOS. Ellas y ellos son únicos y ralos.

ALGARROBA. Algo tienen de espesos[39].

BACHILLER. Ea, *sufficit.*[40]

MÚSICOS. «Como se mudan los vientos,
como se mudan los ramos,
que, desnudos en invierno,   275
se visten en el verano,
mudaremos nuestros bailes
por puntos, y a cada paso,
pues mudarse las mujeres
no es nuevo ni extraño caso.   280
*¡Vivan de Daganzo los regidores,
que parecen palmas, puesto que son robles!*»

Bailan

JARRETE. ¡Brava trova, por Dios!

HUMILLOS.   Y muy sentida.

---

[38] Trueque humorístico de términos de la comparación. Para *Bártulos*, ver nota 30.

[39] La respuesta de Algarroba está en relación con la equivocación fonética de Humillos: ha dicho *ralos* (pocos, escasos) en vez de *raros* (únicos en su especie).

[40] Basta, es suficiente.

BERROCAL.   Éstas se han de imprimir, para que quede
memoria de nosotros en los siglos   285
de los siglos. Amén.

BACHILLER.   Callen, si pueden.

MÚSICOS.   «Vivan y revivan,
y en siglos veloces
del tiempo los días
pasen con las noches,   290
sin trocar la edad,
que treinta años forme,
ni tocar las hojas
de sus alcornoques.

Los vientos, que anegan   295
si contrarios corren,
cual céfiros blandos
en sus mares soplen.

¡Vivan de Daganzo los regidores,
que palmas parecen, puesto que son robles!»   300

BACHILLER.   El estribillo en parte me desplace[41];
pero, con todo, es bueno.

JARRETE.   Ea, callemos.

MÚSICOS.   «Pisaré yo el polvico[42],
a tan menudico,
pisaré yo el polvó,
a tan menudó.»   305

PANDURO.   Estos músicos hacen pepitoria
de su cantar.

HUMILLOS.   Son diablos los gitanos.

MÚSICOS.   «Pisaré yo la tierra
por más que esté dura,   310
puesto que me abra en ella
Amor sepultura,
pues ya mi buena ventura
Amor la pisó
a tan menudó.   315
Pisaré yo lozana
el más duro suelo,

---

[41] *me desplace*: me desagrada, me disgusta.

[42] Cancioncilla popular que dio origen al baile del *polvillo*. Se vuelve a mencionar
en el entremés de *El vizcaíno fingido*.

si en él acaso pisas
el mal que recelo;
mi bien se ha pasado en vuelo,   320
y el polvo dejó
a tan menudó.»

Entra un SOTA-SACRISTÁN, *muy mal endeliñado.*

SACRISTÁN.	Señores regidores, ¡voto a dico[43],
	que es de bellacos tanto pasatiempo!
	¿Así se rige el pueblo, noramala, 325
	entre guitarras, bailes y bureos?
BACHILLER.	¡Agarradle, Jarrete!
JARRETE.	Ya le agarro.
BACHILLER.	Traigan aquí una manta; que, por Cristo,
	que se ha de mantear este bellaco,
	necio, desvergonzado e insolente, 330
	y atrevido además.
SACRISTÁN.	¡Oigan, señores!
ALGARROBA.	Volveré con la manta a las volandas.

Éntrase ALGARROBA.

SACRISTÁN.	Miren que les intimo que soy présbiter.
BACHILLER.	¿Tú presbítero, infame?
SACRISTÁN.	Yo presbítero;
	o de prima tonsura[44], que es lo mismo. 335
PANDURO.	Agora lo veredes, dijo Agrajes[45].
SACRISTÁN.	No hay Agrajes aquí.
BACHILLER.	Pues habrá grajos
	que te piquen la lengua y aun los ojos.
RANA.	Dime, desventurado: ¿qué demonio
	se revistió en tu lengua? ¿Quién te mete 340
	a ti en reprehender a la justicia?

----

[43] *Voto a dico*: juramento eufemístico que elude la irreverencia de «Voto a Dios».

[44] El sacristán aún no había recibido órdenes menores, pero era clérigo. La *tonsura* era un grado preparatorio al sacerdocio y se confería mediante la ceremonia de cortar el pelo de la coronilla.

[45] Frase de reto o amenaza que alude a la que una vez dijera Agrajes, personaje de la novela de caballerías *Amadís de Gaula*, y que quedó como expresión proverbial.

¿Has tú de gobernar a la república?
Métete en tus campanas y en tu oficio.
Deja a los que gobiernan; que ellos saben
lo que han de hacer, mejor que no nosotros.   345
Si fueren malos, ruega por su enmienda;
si buenos, porque Dios no nos los quite.

BACHILLER.   Nuestro Rana es un santo y un bendito.

Vuelve ALGARROBA; *trae la manta.*

ALGARROBA.   No ha de quedar por manta.

BACHILLER.   Asgan[46], pues, todos,
sin que queden gitanos ni gitanas.   350
¡Arriba, amigos!

SACRISTÁN.   ¡Por Dios, que va de veras!
¡Vive Dios, si me enojo, que bonito
soy yo para estas burlas! ¡Por San Pedro,
que están descomulgados todos cuantos
han tocado los pelos de la manta!   355

RANA.   Basta, no más: aquí cese el castigo;
que el pobre debe estar arrepentido.

SACRISTÁN.   Y molido, que es más. De aquí adelante
me coseré la boca con dos cabos
de zapatero.

RANA.   Aqueso es lo que importa.   360

BACHILLER.   Vénganse los gitanos a mi casa;
que tengo qué decilles.

GITANO.   Tras ti vamos.

BACHILLER.   Quedarse ha la elección para mañana,
y desde luego doy mi voto a Rana.

GITANO.   ¿Cantaremos, señor?

BACHILLER.   Lo que quisiéredes.   365

PANDURO.   No hay quien cante cual nuestra Rana canta.

JARRETE.   No solamente canta, sino encanta.

Éntranse cantando: "Pisaré yo el polvico".

....

[46] *asgan*: del verbo *asir*, 'coger'.

LA GUARDA CUIDADOSA

Sale un SOLDADO *a lo pícaro*[1], *con una muy mala banda y un antojo*[2], *y detrás dél un mal* SACRISTÁN.

SOLDADO.	¿Qué me quieres, sombra vana?
SACRISTÁN.	No soy sombra vana, sino cuerpo macizo.
SOLDADO.	Pues, con todo eso, por la fuerza de mi desgracia, te conjuro que me digas quién eres y qué es lo que buscas por esta calle.
SACRISTÁN.	A eso te respondo, por la fuerza de mi dicha, que soy Lorenzo Pasillas, sota-sacristán[3] desta parroquia, y busco en esta calle lo que hallo, y tú buscas y no hallas.
SOLDADO.	¿Buscas por ventura a Cristinica, la fregona desta casa?
SACRISTÁN.	*Tu dixisti*.[4]
SOLDADO.	Pues ven acá, sota-sacristán de Satanás.
SACRISTÁN.	Pues voy allá, caballo de Ginebra[5].
SOLDADO.	Bueno: sota y caballo; no falta sino el rey para tomar las manos[6]. Ven acá, digo otra vez, ¿ y tú no sabes, Pasillas, que pasado te vea yo con un chuzo[7], que Cristinica es prenda mía?

[1] *a lo pícaro*: andrajoso, vestido de harapos.

[2] *banda*: tira de tela de diferentes colores que usaban los soldados para diferenciar la nación a que pertenecían. La banda de los españoles era roja. *Antojo*: anteojo.

[3] *sota-sacristán*: subalterno del sacristán.

[4] *tu dixisti*: expresión latina tomada del evangelio que significa 'tú lo has dicho'.

[5] *caballo de Ginebra*: el sacristán replica al soldado en el mismo tono: si él le llamó *sota*, le responde con *caballo*; si le llamó *Satanás*, le responde con *Ginebra*, que equivale a llamarle hereje, ya que la ciudad de Ginebra era el centro del calvinismo.

[6] *tomar las manos*: es expresión propia del juego de naipes; *toma la mano* el jugador que reúne la sota, el caballo y el rey.

[7] *chuzo*: arma blanca que consiste en un pala rematada en un pincho de hierro. Juego de palabras con *Pasilla* y *pasado* ('traspasado').

SACRISTÁN.	¿Y tú no sabes, pulpo vestido[8], que esa prenda la tengo yo rematada, que está por sus cabales y por mía? [9]
SOLDADO.	¡Vive Dios, que te dé mil cuchilladas, y que te haga la cabeza pedazos!
SACRISTÁN.	Con las que le cuelgan desas calzas, y con los dese vestido, se podrá entretener, sin que se meta con los de mi cabeza[10].
SOLDADO.	¿Has hablado alguna vez a Cristina?
SACRISTÁN.	Cuando quiero.
SOLDADO.	¿Qué dádivas le has hecho?
SACRISTÁN.	Muchas.
SOLDADO.	¿Cuántas y cuáles?
SACRISTÁN.	Dile una destas cajas de carne de membrillo, muy grande, llena de cercenaduras de hostias[11], blancas como la misma nieve, y de añadidura cuatro cabos de velas de cera, asimismo blancas como un armiño.
SOLDADO.	¿Qué más le has dado?
SACRISTÁN.	En un billete[12] envueltos, cien mil deseos de servirla.
SOLDADO.	Y ella ¿cómo te ha correspondido?
SACRISTÁN.	Con darme esperanzas propincuas[13] de que ha de ser mi esposa.
SOLDADO.	Luego ¿no eres de epístola[14]?
SACRISTÁN.	Ni aun de completas. Motilón[15] soy, y puedo casarme cada y cuando me viniere en voluntad; y presto lo veredes.
SOLDADO.	Ven acá, motilón arrastrado; respóndeme a esto que preguntarte quiero. Si esta mochacha ha correspondido

[8] Los bajos del vestido hechos jirones parecen los tentáculos de un pulpo.

[9] El soldado ha usado la palabra *prenda* como 'persona amada', pero el sacristán en su réplica le da el sentido de objeto que ha ganado en una subasta; *por sus cabales*: por su justo precio.

[10] Juego con la dilogía de *cuchilladas*: el soldado se refiere a 'golpe dado con el cuchillo' y el sacristán a los 'adornos que tenían algunas calzas' llamadas *calzas acuchilladas*. En *con los dese vestido* y *con los de mi cabeza* se hace elipsis de *pedazos*.

[11] *cercenaduras de hostias*: sobras que quedan una vez recortadas las hostias.

[12] *billete*: carta breve.

[13] *propincuas*: cercanas, próximas.

[14] *ser de epístola*: haber recibido órdenes mayores y estar, por lo tanto, obligado al celibato.

[15] *completas*: última de las horas canónicas, para cuyo rezo no es necesario estar ordenado. *Motilón*: religioso lego.

tan altamente, lo cual yo no creo, a la miseria de tus dádivas, ¿cómo corresponderá a la grandeza de las mías? Que el otro día le envié un billete amoroso, escrito por lo menos en un revés de un memorial[16] que di a su Majestad, significándole mis servicios y mis necesidades presentes, que no cae en mengua el soldado que dice que es pobre, el cual memorial salió decretado[17] y remitido al limosnero mayor; y, sin atender a que sin duda alguna me podía valer cuatro o seis reales, con liberalidad increíble y con desenfado notable, escribí en el revés dél, como he dicho, mi billete; y sé que de mis manos pecadoras llegó a las suyas casi santas.

SACRISTÁN. ¿Hasle enviado otra cosa?

SOLDADO. Suspiros, lágrimas, sollozos, parasismos[18], desmayos, con toda la caterva de las demonstraciones necesarias que, para descubrir su pasión, los buenos enamorados usan, y deben de usar en todo tiempo y sazón.

SACRISTÁN. ¿Hasle dado alguna música concertada[19]?

SOLDADO. La de mis lamentos y congojas, las de mis ansias y pesadumbres.

SACRISTÁN. Pues a mí me ha acontecido dársela con mis campanas a cada paso; y tanto, que tengo enfadada a toda la vecindad con el continuo ruido que con ellas hago, sólo por darle contento y porque sepa que estoy en la torre, ofreciéndome a su servicio; y, aunque haya de tocar a muerto, repico a vísperas solenes[20].

SOLDADO. En eso me llevas ventaja, porque no tengo qué tocar[21], ni cosa que lo valga.

SACRISTÁN. ¿Y de qué manera ha correspondido Cristina a la infinidad de tantos servicios como le has hecho?

SOLDADO. Con no verme, con no hablarme, con maldecirme cuando me encuentra por la calle, con derramar sobre mí las

---

[16] *memorial*: escrito en el que se solicita alguna merced alegando los méritos que en él se detallan.

[17] *decretado*: aprobado.

[18] *parasismos*: paroxismos, manifestaciones extremas de las pasiones.

[19] *concertada*: contratada y pagada.

[20] *vísperas*: una de las horas del Oficio Divino que se reza después de nona; *solenes*: solemnes.

[21] Juego con la polisemia de *tocar*: 'tañer un instrumento' y 'cobrar'.

lavazas[22] cuando jabona, y el agua de fregar cuando friega; y esto es cada día, porque todos los días estoy en esta calle y a su puerta; porque soy su guarda cuidadosa; soy, en fin, el perro del hortelano[23], etc. Yo no la gozo, ni ha de gozarla ninguno mientras yo viviere; por eso, váyase de aquí el señor sota-sacristán; que, por haber tenido y tener respeto a las órdenes que tiene, no le tengo ya rompidos los cascos.

SACRISTÁN. A rompérmelos como están rotos esos vestidos, bien rotos estuvieran.

SOLDADO. El hábito no hace al monje, y tanta honra tiene un soldado roto por causa de la guerra, como la tiene un colegial con el manto hecho añicos, porque en él se muestra la antigüedad de sus estudios; ¡y váyase, que haré lo que dicho tengo!

SACRISTÁN. ¿Es porque me ve sin armas? Pues espérese aquí, señor guarda cuidadosa, y verá quién es Callejas[24].

SOLDADO. ¿Qué puede ser un Pasillas?

SACRISTÁN. Ahora lo veredes, dijo Agrajes[25].

Éntrase el SACRISTÁN.

SOLDADO. ¡Oh, mujeres, mujeres, todas, o las más, mudables y antojadizas! ¿Dejas, Cristina, a esta flor, a este jardín de la soldadesca, y acomódaste con el muladar de un sota-sacristán, pudiendo acomodarte con un sacristán entero, y aun con un canónigo? Pero yo procuraré que te entre en mal provecho, si puedo, aguando tu gusto, con ojear[26] desta calle y de tu puerta los que imaginare que por alguna vía pueden ser tus amantes; y así vendré a alcanzar nombre de la guarda[27] cuidadosa.

....

[22] *lavazas*: agua sucia procedente del lavado.

[23] Así comienza un refrán: «el perro del hortelano, que ni come las berzas, ni las deja comer». Lope de Vega tituló así una de sus obras.

[24] *verá quién es Callejas*: expresión familiar con que alguno se jacta de su poder o autoridad.

[25] *Ahora lo veredes, dijo Agrajes*: ver la nota 45 de *La elección de los alcaldes de Daganzo*.

[26] *ojear*: ahuyentar, espantar.

[27] *guarda*, con artículo femenino, se aplicaba indistintamente a personas de ambos sexos.

Entra un MOZO *con su caja y ropa verde, como estos que piden limosna para alguna imagen.*

MOZO.
Den, por Dios, para la lámpara del aceite de señora Santa Lucía, que les guarde la vista de los ojos. ¡Ha de casa! ¿Dan la limosna?

SOLDADO.
Hola, amigo Santa Lucía, venid acá. ¿Qué es lo que queréis en esa casa?

MOZO.
¿Ya vuesa merced no lo ve? Limosna para la lámpara del aceite de señora Santa Lucía.

SOLDADO.
¿Pedís para la lámpara o para el aceite de la lámpara? Que, como decís limosna para la lámpara del aceite[28], parece que la lámpara es del aceite, y no el aceite de la lámpara.

MOZO.
Ya todos entienden que pido para aceite de la lámpara, y no para la lámpara del aceite.

SOLDADO.
¿Y suelen-os dar limosna en esta casa?

MOZO.
Cada día dos maravedís.

SOLDADO.
¿Y quién sale a dároslos?

MOZO.
Quien se halla más a mano; aunque las más veces sale una fregoncita, que se llama Cristina, bonita como un oro.

SOLDADO.
Así que ¿es la fregoncita bonita como un oro?

MOZO.
¡Y como unas pelras[29]!

SOLDADO.
¿De modo que no os parece mal a vos la muchacha?

MOZO.
Pues, aunque yo fuera hecho de leño, no pudiera parecerme mal.

SOLDADO.
¿Cómo os llamáis? Que no querría volveros a llamar Santa Lucía.

MOZO.
Yo, señor, Andrés me llamo.

SOLDADO.
Pues, señor Andrés, esté en[30] lo que quiero decirle: tome este cuarto de a ocho[31], y haga cuenta que va pagado por cuatro días de la limosna que le dan en esta casa y suele recibir por mano de Cristina; y váyase con Dios,

---

[28] Chiste muy repetido que también se encuentra en un paso de Lope de Rueda.

[29] *pelras*: metátesis por 'perlas'.

[30] *esté en*: piense, considere.

[31] *cuarto de a ocho*: moneda equivalente a ocho maravedís.

y séale aviso que por cuatro días no vuelva a llegar a esta puerta ni por lumbre[32], que le romperé las costillas a coces.

MOZO. Ni aun volveré en este mes, si es que me acuerdo; no tome vuesa merced pesadumbre, que ya me voy.

Vase.

SOLDADO. ¡No, sino dormíos, guarda cuidadosa!

Entra otro MOZO *vendiendo y pregonando tranzaderas, holanda, cambray, randas de Flandes[33], y hilo portugués.*

UNO. ¿Compran tranzaderas, randas de Flandes, holanda, cambray, hilo portugués?

CRISTINA, *a la ventana.*

CRISTINA. Hola, Manuel, ¿traéis vivos[34] para unas camisas?
UNO. Sí traigo, y muy buenos.
CRISTINA. Pues entrá, que mi señora los ha menester.
SOLDADO. ¡Oh, estrella de mi perdición, antes que norte de mi esperanza! Tranzaderas, o como os llamáis, ¿conocéis aquella doncella que os llamó desde la ventana?
UNO. Sí conozco, pero ¿por qué me lo pregunta vuesa merced?
SOLDADO. ¿No tiene muy buen rostro y muy buena gracia?
UNO. A mí así me lo parece.
SOLDADO. Pues también me parece a mí que no entre dentro desa casa; si no ¡por Dios [he] molelle los huesos, sin dejarle ninguno sano!
UNO. Pues ¿no puedo yo entrar adonde me llaman para comprar mi mercadería?

----

[32] *ni por lumbre*: jamás. Esta expresión, que se usa para negar algo con contundencia, procede de «A la cárcel, ni por lumbre».

[33] *tranzaderas*: lazos trenzados para sujetar el pelo; *holanda*: tela fina procedente de ese país; *cambray*: encaje fino que se fabricaba en la ciudad de Cambray; *randas de Flandes*: adornos de encaje.

[34] *vivos*: remates o puntas.

SOLDADO.	¡Vaya, no me replique, que haré lo que digo, y luego!
UNO.	¡Terrible caso! Pasito[35], señor soldado, que ya me voy.

Vase MANUEL.

CRISTINA, *a la ventana.*

CRISTINA.	¿No entras, Manuel?
SOLDADO.	Ya se fue Manuel, señora la de los vivos, y aun señora la de los muertos, porque a muertos y a vivos tienes debajo de tu mando y señorío.
CRISTINA.	¡Jesús, y qué enfadoso animal! ¿Qué quieres en esta calle y en esta puerta?

Éntrase CRISTINA.

SOLDADO.	Encubrióse y púsose mi sol detrás de las nubes.

Entra un ZAPATERO *con unas chinelas pequeñas nuevas en la mano, y, yendo a entrar en casa de* CRISTINA, *detiénele el* SOLDADO.

SOLDADO.	Señor bueno, ¿busca vuesa merced algo en esta casa?
ZAPATERO.	Sí busco.
SOLDADO.	¿Y a quién, si fuere posible saberlo?
ZAPATERO.	¿Por qué no? Busco a una fregona que está en esta casa, para darle estas chinelas que me mandó hacer.
SOLDADO.	¿De manera que vuesa merced es su zapatero?
ZAPATERO.	Muchas veces la he calzado.
SOLDADO.	¿Y hale de calzar ahora estas chinelas?
ZAPATERO.	No será menester; si fueran zapatillos[36] de hombre, como ella los suele traer, sí calzara.
SOLDADO.	¿Y éstas, están pagadas, o no?
ZAPATERO.	No están pagadas; que ella me las ha de pagar agora.
SOLDADO.	¿No me haría vuesa merced una merced, que sería para mí muy grande, y es que me fiase estas chinelas, dándole yo prendas que lo valiesen, hasta desde aquí a dos días, que espero tener dineros en abundancia?

---

[35] *pasito*: despacio.
[36] Los *zapatillos* tienen talón, a diferencia de las chinelas, y por esta razón necesita ayudarla para calzarse.

ZAPATERO.   Sí haré, por cierto; venga la prenda, que, como soy pobre oficial, no puedo fiar a nadie.

SOLDADO.   Yo le daré a vuesa merced un mondadientes, que le estimo en mucho, y no le dejaré por un escudo. ¿Dónde tiene vuesa merced la tienda, para que vaya a quitarle[37]?

ZAPATERO.   En la calle Mayor, en un poste de aquellos, y llámome Juan Juncos.

SOLDADO.   Pues, señor Juan Juncos, el mondadientes es éste, y estímele vuesa merced en mucho, porque es mío.

ZAPATERO.   Pues una biznaga[38], que apenas vale dos maravedís, ¿quiere vuesa merced que estime en mucho?

SOLDADO.   ¡Oh, pecador de mí! no la doy yo sino para recuerdo de mí mismo; porque, cuando vaya a echar mano a la faldriquera, y no halle la biznaga, me venga a la memoria que la tiene vuesa merced y vaya luego a quitalla[39]; sí, a fe de soldado, que no la doy por otra cosa; pero, si no está contento con ella, añadiré esta banda y este antojo; que al buen pagador no le duelen prendas[40].

ZAPATERO.   Aunque zapatero, no soy tan descortés que tengo de despojar a vuesa merced de sus joyas y preseas; vuesa merced se quede con ellas que yo me quedaré con mis chinelas, que es lo que me está más a cuento.

SOLDADO.   ¿Cuántos puntos[41] tienen?

ZAPATERO.   Cinco escasos.

SOLDADO.   Más escaso soy yo, chinelas de mis entrañas, pues no tengo seis reales para pagaros. ¡Chinelas de mis entrañas! Escuche vuesa merced, señor zapatero, que quiero glosar[42] aquí de repente este verso, que me ha salido medido: *Chinelas de mis entrañas*.

---

[37] *quitarle*: desempeñarle, recobrarle.

[38] *biznaga*: mondadientes del tipo más barato, hecho con los tallitos de una planta. Los había también de plata y oro, de mucho valor.

[39] *quitalla*: quitarla, con el significado de 'desempeñarla'.

[40] Expresión proverbial con que el soldado da a entender que como piensa pagar no le importa dejar muchos objetos de fianza.

[41] *puntos*: medida del zapato.

[42] *glosar*: hacer una glosa, composición poética muy popular en el Siglo de Oro, al final de la cual, o al de cada una de sus estrofas, se introduce uno o más versos propuestos previamente, en este caso *Chinelas de mis entrañas*.

ZAPATERO.   ¿Es poeta vuesa merced?

SOLDADO.   Famoso, y agora lo verá; estéme atento.

Chinelas de mis entrañas.

GLOSA

Es amor tan gran tirano,
que, olvidado de la fe
que le guardo siempre en vano,
hoy, con la funda de un pie,
da a mi esperanza de mano.
    Éstas son vuestras hazañas,
fundas pequeñas y hurañas;
que ya mi alma imagina
que sois, por ser de Cristina,
chinelas de mis entrañas.

ZAPATERO.   A mí poco se me entiende de trovas[43]; pero éstas me han sonado tan bien que me parecen de Lope, como lo son todas las cosas que son o parecen buenas[44].

SOLDADO.   Pues señor, ya que no lleva remedio de fiarme estas chinelas, que no fuera mucho, y más sobre tan dulces prendas por mi mal halladas[45], llévelo, a lo menos de que vuesa merced me las guarde hasta desde aquí a dos días, que yo vaya por ellas; y por ahora, digo, por esta vez, el señor zapatero no ha de ver ni hablar a Cristina.

ZAPATERO.   Yo haré lo que me manda el señor soldado, porque se me trasluce de qué pies cojea, que son dos: el de la necesidad y el de los celos.

SOLDADO.   Ese no es ingenio de zapatero, sino de colegial trilingüe[46].

ZAPATERO.   ¡Oh, celos, celos, cuán mejor os llamaran duelos, duelos!

----

[43] *trovas*: versos, composiciones poéticas.

[44] «Es de Lope», para indicar que una cosa es buena, se convirtió en frase proverbial debido al éxito que alcanzaron las obras de Lope de Vega.

[45] Alusión al verso primero de un famoso soneto de Garcilaso de la Vega: «¡Oh dulces prendas por mi mal halladas!»

[46] *colegial trilingüe*: estudiante del Colegio Trilingüe de Alcalá de Henares, llamado así porque en él se aprendían tres lenguas: latín, griego y hebreo.

Éntrase el ZAPATERO.

SOLDADO. No, sino no seáis guarda, y guarda cuidadosa, y veréis cómo se os entra[n] mosquitos en la cueva donde está el licor de vuestro contento. Pero ¿qué voz es ésta? Sin duda es la de mi Cristina, que se desenfada cantando, cuando barre o friega.

Suenan dentro platos, como que friegan, y cantan:

> Sacristán de mi vida,
> tenme por tuya,
> y, fiado en mi fe,
> canta *alleluia*.

SOLDADO. ¡Oídos que tal oyen! Sin duda e[l] sacristán debe de ser el brinco[47] de su alma. ¡Oh platera[48], la más limpia que tiene, tuvo o tendrá el calendario de las fregonas! ¿Por qué, así como limpias esa lo[z]a talaveril[49] que traes entre las manos, y la vuelves en bruñida y tersa plata, no limpias esa alma de pensamientos bajos y sota-sacristaniles?

Entra el AMO *de* CRISTINA.

AMO. Galán, ¿qué quiere o qué busca a esta puerta?

SOLDADO. Quiero más de lo que sería bueno, y bus[c]o lo que no hallo; pero ¿quién es vuesa merced que me lo pregunta?

AMO. Soy el dueño desta casa.

SOLDADO. ¿El amo de Cristinica?

AMO. El mismo.

SOLDADO. Pues lléguese vuesa merced a esta parte, y tome este envoltorio de papeles; y advierta que ahí dentro van las informaciones de mis servicios, con veinte y dos fees[50] de veinte y dos generales, debajo de cuyos estandartes he servido, amén de otras treinta y cuatro de otros tan-

---

[47] *brinco*: joya que llevaban la mujeres colgada de la toca.
[48] *platera*: porque fregaba los platos.
[49] *loza talaveril*: cerámica de Talavera de la Reina (Toledo).
[50] *fees*: certificados.

	tos maestres de campo, que se han dignado de honrarme con ellas.
AMO.	Pues no ha habido, a lo que yo alcanzo, tantos generales ni maestres de campo de infantería española de cien años a esta parte.
SOLDADO.	Vuesa merced es hombre pacífico y no está obligado a entendérsele mucho de las cosas de la guerra; pase los ojos por esos papeles, y verá en ellos, unos sobre otros, todos los generales y maestres de campo que he dicho.
AMO.	Yo los doy por pasados y vistos; pero, ¿de qué sirve darme cuenta desto?
SOLDADO.	De que hallará vuesa merced por ellos ser posible ser verdad una que agora diré, y [es] que estoy consultado[51] en uno de tres castillos y plazas, que están vacas[52] en el reino de Nápoles; conviene, a saber: Gaeta, Barleta y Rijobes[53].
AMO.	Hasta agora, ninguna cosa me importa a mí estas relaciones que vuesa merced me da.
SOLDADO.	Pues yo sé que le han de importar, siendo Dios servido.
AMO.	¿En qué manera?
SOLDADO.	En que, por fuerza, si no se cae el cielo, tengo de salir proveído[54] en una destas plazas, y quiero casarme agora con Cristinica; y, siendo yo su marido, puede vuesa merced hacer de mi persona y de mi mucha hacienda como de cosa propia; que no tengo de mostrarme desagradecido a la crianza que vuesa merced ha hecho a mi querida y amada consorte.
AMO.	Vuesa merced lo ha de los cascos[55], más que de otra parte.
SOLDADO.	Pues ¿sabe cuánto le va, señor dulce[56]? Que me la ha de entregar luego, luego[57], o no ha de atravesar los umbrales de su casa.

---

[51] *consultado*: propuesto.

[52] *vacas*: vacantes.

[53] Ciudades italianas; la última es Rijoles.

[54] *tengo de salir*: como más abajo *tengo de mostrarme*, es construcción que alterna con *tener que* seguido de infinitivo para significar propósito u obligación. *Proveído*: nombrado.

[55] *lo ha de los cascos*: está mal de la cabeza.

[56] *señor dulce*: el que nunca ha pasado penalidades.

[57] *luego*: 'al instante', recalcado por la repetición.

AMO.   ¿Hay tal disparate? ¿Y quién ha de ser bastante para qui-
         tarme que no entre en mi casa?

         Vuelve el SOTA-SACRISTÁN PASILLAS, *armado con un ta-
         pador de tinaja y una espada muy mohosa; viene con él
         otro* SACRISTÁN, *con un morrión*[58] *y una vara o palo, atado
         a él un rabo de zorra.*

SACRISTÁN. ¡Ea, amigo Grajales, que éste es el turbador de mi so-
         siego!

GRAJALES.   No me pesa sino que traigo las armas endebles y algo
         tiernas; que ya le hubiera despachado al otro mundo a
         toda diligencia.

AMO.   Ténganse, gentiles hombres. ¿Qué desmán y qué aceci-
         namiento[59] es éste?

SOLDADO.   ¡Ladrones! ¿A traición y en cuadrilla? Sacristanes falsos,
         voto a tal que os tengo de horadar, aunque tengáis más
         órdenes que un Ceremonial[60]. Cobarde, ¿a mí con rabo
         de zorra? ¿Es notarme de borracho, o piensas que estás
         quitando el polvo a alguna imagen de bulto[61]?

GRAJALES.   No pienso sino que estoy ojeando[62] los mosquitos de
         una tinaja de vino.

         A la ventana CRISTINA *y su* AMA.

CRISTINA.   ¡Señora, señora, que matan a mi señor! ¡Más de dos mil
         espadas están sobre él, que relumbran que me quitan
         la vista!

ELLA.   Dices verdad, hija mía; Dios sea con él; santa Ursola,
         con las once mil vírgenes, sea en su guarda. Ven, Cristi-
         na, y bajemos a socorrerle como mejor pudiéremos.

AMO.   Por vida de vuesas mercedes, caballeros, que se tengan,
         y miren que no es bien usar de superchería[63] con nadie.

---

[58] *morrión*: tipo de casco.

[59] *acecinamiento*: asesinato, matanza.

[60] *Ceremonial*: manual en el que se recogían las ceremonias religiosas para las dis-
tintas ocasiones. Se juega con la dilogía de *órdenes*, que se refiere a las sacerdotales y a
las que aparecían en los ceremoniales.

[61] La indignación del soldado se debe a que los *rabos de zorra* se utilizaban como
plumeros para quitar el polvo, además de que *zorra* también significa 'borrachera'. *Imagen de bulto*: escultura.

[62] *ojeando*: ahuyentando, espantando.

[63] *superchería*: violencia, atropello.

SOLDADO.   Tente, rabo, y tente, tapadorcillo[64]; no acabéis de despertar mi cólera, que, si la acabo de despertar, os mataré, y os comeré, y os arrojaré por la puerta falsa dos leguas más allá del infierno.

AMO.   Ténganse, digo; si no, por Dios que me descomponga, de modo que pese a alguno.

SOLDADO.   Por mí, tenido soy; que te tengo respeto, por la imagen que tienes en tu casa.

SACRISTÁN.   Pues, aunque esa imagen haga milagros, no os ha de valer esta vez.

SOLDADO.   ¿Han visto la desvergüenza deste bellaco, que me viene a hacer cocos[65] con un rabo de zorra, no habiéndome espantado ni atemorizado tiros mayores que el de Dio, que está en Lisboa[66]?

Entran CRISTINA *y su* SEÑORA.

ELLA.   ¡Ay, marido mío! ¿Estáis, por desgracia, herido, bien de mi alma?

CRISTINA.   ¡Ay desdichada de mí! Por el siglo de mi padre[67], que son los de la pendencia mi sacristán y mi soldado.

SOLDADO.   Aun bien que voy a la parte con el sacristán; que también dijo «mi soldado».

AMO.   No estoy herido, señora, pero sabed que toda esta pendencia es por Cristinica.

ELLA.   ¿Cómo por Cristinica?

AMO.   A lo que yo entiendo, estos galanes andan celosos por ella.

ELLA.   Y ¿es esto verdad, muchacha?

CRISTINA.   Sí, señora.

ELLA.   ¡Mirad con qué poca vergüenza lo dice! ¿Y hate deshonrado alguno dellos?

CRISTINA.   Sí, señora.

....

[64] Alusión a las «armas» que llevan los sacristanes.

[65] *hacer cocos*: meter miedo, asustar.

[66] Se refiere a un enorme cañón tomado a los turcos en el sitio de Diu en 1538, que estuvo durante muchos años en la fortaleza de San Julián en Lisboa.

[67] *por el siglo de mi padre*: por vida de mi padre.

ELLA. ¿Cuál?

CRISTINA. El sacristán me deshonró el otro día, cuando fui al Rastro[68].

ELLA. ¿Cuántas veces os he dicho yo, señor, que no saliese esta muchacha fuera de casa; que ya era grande y no convenía apartarla de nuestra vista? ¿Qué dirá ahora su padre, que nos la entregó limpia de polvo y de paja? Y ¿dónde te llevó, traidora, para deshonrarte?

CRISTINA. A ninguna parte, sino allí, en mitad de la calle.

ELLA. ¿Cómo en mitad de la calle?

CRISTINA. Allí, en mitad de la calle de Toledo[69], a vista de Dios y de todo el mundo, me llamó de sucia y de deshonesta, de poca vergüenza y menos miramiento, y otros muchos baldones[70] deste jaez; y todo por estar celoso de aquel soldado.

AMO. Luego ¿no ha pasado otra cosa entre ti ni él, sino esa deshonra que en la calle te hizo?

CRISTINA. No por cierto, porque luego se le pasa la cólera.

ELLA. El alma se me ha vuelto al cuerpo, que le tenía ya casi desamparado.

CRISTINA. Y más, que todo cuanto me dijo fue confiado en esta cédula[71] que me ha dado de ser mi esposo, que la tengo guardada como oro en paño.

AMO. Muestra, veamos.

ELLA. Leedla alto, marido.

AMO. Así dice: «Digo yo, Lorenzo Pasillas, sota-sacristán desta parroquia, que quiero bien y muy bien a la señora Cristina de Parrazes, y en fee desta verdad, le di ésta, firmada de mi nombre, fecha en Madrid, en el cimenterio de San Andrés[72], a seis de mayo deste presente año de mil y seiscientos once. Testigos: mi corazón, mi entendimiento, mi voluntad y mi memoria. Lorenzo Pasillas». ¡Gentil manera de cédula de matrimonio!

----

[68] *Rastro*: matadero.

[69] Nombre de una calle de Madrid.

[70] *baldones*: insultos, injurias.

[71] *cédula*: documento público, pero aquí no lo es como se ve más adelante.

[72] Uno de los cementerios de Madrid; *cimenterio*, con la vacilación propia de las vocales átonas.

SACRISTÁN.	Debajo de decir que la quiero bien se incluye todo aquello que ella quisiere que yo haga por ella, porque quien da la voluntad lo da todo.
AMO.	Luego, si ella quisiese, ¿bien os casa[r]íades con ella?
SACRISTÁN.	De bonísima gana, aunque perdiese la espectativa de tres mil maravedís de renta, que ha de fundar agora sobre mi cabeza una agüela mía, según me han escrito de mi tierra.
SOLDADO.	Si voluntades se toman en cuenta, treinta y nueve días hace hoy que, al entrar de la Puente Segoviana, di yo a Cristina la mía, con todos los anejos a mis tres potencias[73]; y, si ella quisiere ser mi esposa, algo irá a decir de ser castellano de un famoso castillo, a un sacristán no entero, sino medio, y aun de la mitad le debe de faltar algo.
AMO.	¿Tienes deseo de casarte, Cristinica?
CRISTINA.	Sí tengo.
AMO.	Pues escoge, destos dos que se te ofrecen, el que más te agradare.
CRISTINA.	Tengo vergüenza.
ELLA.	No la tengas; porque el comer y el casar ha de ser a gusto propio, y no a voluntad ajena.
CRISTINA.	Vuesas mercedes, que me han criado, me darán marido como me convenga; aunque todavía quisiera escoger.
SOLDADO.	Niña, échame el ojo; mira mi garbo; soldado soy, castellano pienso ser; brío tengo de corazón; soy el más galán hombre del mundo; y, por el hilo deste vestidillo, podrás sacar el ovillo de mi gentileza.
SACRISTÁN.	Cristina, yo soy músico, aunque de campanas; para adornar una tumba y colgar una iglesia[74] para fiestas solenes, ningún sacristán me puede llevar ventaja; y estos oficios bien los puedo ejercitar casado, y ganar de comer como un príncipe.
AMO.	Ahora bien, muchacha, escoge de los dos el que te agrada, que yo gusto dello; y con esto pondrás paz entre dos tan fuertes competidores.

....

[73] Se refiere a las tres potencias del alma: memoria, entendimiento y voluntad, que puso por testigos en la cédula de matrimonio.

[74] *tumba*: túmulo que se coloca en las iglesias cuando se celebran funerales; *colgar una iglesia*: adornarla con colgaduras o tapices.

SOLDADO. Yo me allano.

SACRISTÁN. Y yo me rindo.

CRISTINA. Pues escojo al sacristán.

Han entrado los MÚSICOS.

AMO. Pues llamen esos oficiales de mi vecino el barbero, para que con sus guitarras y voces nos entremos a celebrar el desposorio, cantando y bailando; y el señor soldado será mi convidado.

SOLDADO. Acepto,
que, donde hay fuerza de hecho,
se pierde cualquier derecho.[75]

[MÚSICOS.] Pues hemos llegado a tiempo, éste será el estribillo de nuestra letra.

Cantan el estribillo.

[SOLDADO.] Siempre escogen las mujeres
aquello que vale menos,
porque excede su mal gusto
a cualquier merecimiento.
Ya no se estima el valor,
porque se estima el dinero,
pues un sacristán prefieren
a un roto soldado lego.
Mas no es mucho, que ¿quién vio
que fue su voto tan necio,
que a sagrado se acogiese,
que es de delincuentes puerto[76]?

Que a donde hay fuerza, etc.

[SACRISTÁN.] Como es propio de un soldado,
que es sólo en los años viejo,
y se halla sin un cuarto
porque ha dejado su tercio[77],

---

[75] El refrán dice: «De el hecho nace el derecho».

[76] Era costumbre de los delincuentes refugiarse en los templos, acogiéndose así a sagrado y burlando la acción de la justicia.

[77] Juego de palabras con *cuarto*: 'moneda' y 'cuarta parte', y *tercio*: 'regimiento militar' y 'tercera parte'.

imaginar que ser puede
pretendiente de Gaiferos[78],
conquistando por lo bravo
lo que yo por manso adquiero,
no me afrentan tus razones,
pues has perdido en el juego;
que siempre un picado[79] tiene
licencia para hacer fieros[80].

Que a donde, etc.

Éntranse cantando y bailando.

....

[78] *Gaiferos*: valiente personaje del romancero que liberó a su esposa Melisendra, cautiva de los moros.

[79] *picado*: enfadado, resentido.

[80] *hacer fieros*: decir bravatas, amenazar.

EL VIZCAÍNO FINGIDO

Entran SOLÓRZANO *y* QUIÑONES.

SOLÓRZANO. Éstas son las bolsas, y, a lo que parecen, son bien parecidas, y las cadenas que van dentro, ni más ni menos; no hay sino que vos acudáis[1] con mi intento; que, a pesar de la taimería[2] desta sevillana, ha de quedar esta vez burlada.

QUIÑONES. ¿Tanta honra se adquiere, o tanta habilidad se muestra en engañar a una mujer, que lo tomáis con tanto ahínco, y ponéis tanta solicitud en ello?

SOLÓRZANO. Cuando las mujeres son como éstas, es gusto el burlallas; cuanto más, que esta burla no ha de pasar de los tejados arriba; quiero decir, que ni ha de ser con ofensa de Dios ni con daño de la burlada; que no son burlas las que redundan en desprecio ajeno.

QUIÑONES. Alto; pues vos lo queréis, sea así; digo que yo os ayudaré en todo cuanto me habéis dicho, y sabré fingir tan bien como vos, que no lo puedo más encarecer. ¿Adónde vais agora?

SOLÓRZANO. Derecho en casa de la ninfa[3], y vos, no salgáis de casa; que yo os llamaré a su tiempo.

QUIÑONES. Allí estaré clavado, esperando.

Éntranse los dos.

Salen doña CRISTINA *y doña* BRÍGIDA*:* CRISTINA *sin manto, y* BRÍGIDA *con él, toda asustada y turbada.*

---

[1] *acudáis*: colaboréis.
[2] *taimería*: astucia.
[3] *ninfa*: prostituta.

CRISTINA.	¡Jesús! ¿Qué es lo que traes, amiga doña Brígida, que parece que quieres dar el alma a su Hacedor?
BRÍGIDA.	Doña Cristina, amiga, hazme aire, rocíame con un poco de agua este rostro, que me muero, que me fino, que se me arranca el alma. ¡Dios sea conmigo; confesión a toda priesa!
CRISTINA.	¿Qué es esto? ¡Desdichada de mí! ¿No me dirás, amiga, lo que te ha sucedido? ¿Has visto alguna mala visión? ¿Hante dado alguna mala nueva de que es muerta tu madre, o de que viene tu marido, o hante robado tus joyas?
BRÍGIDA.	Ni he visto visión alguna, ni se ha muerto mi madre, ni viene mi marido, que aún le faltan tres meses para acabar el negocio donde fue, ni me han robado mis joyas; pero hame sucedido otra cosa peor.
CRISTINA.	Acaba, dímela, doña Brígida mía; que me tienes turbada y suspensa hasta saberla.
BRÍGIDA.	¡Ay, querida! que también te toca a ti parte deste mal suceso. Límpiame este rostro, que él y todo el cuerpo tengo bañado en sudor más frío que la nieve. ¡Desdichadas de aquellas que andan en la vida libre, que, si quieren tener algún poquito de autoridad, granjeada de aquí o de allá, se la dejarretan y se la quitan al mejor tiempo!
CRISTINA.	Acaba, por tu vida, amiga, y dime lo que te ha sucedido, y qué es la desgracia de quien yo también tengo de tener parte.
BRÍGIDA.	Y ¡cómo si tendrás parte! y mucha, si eres discreta, como lo eres. Has de saber, hermana, que, viniendo agora a verte, al pasar por la puerta de Guadalajara[4], oí que, en medio de infinita justicia y gente, estaba un pregonero, pregonando que quitaban los coches, y que las mujeres descubriesen los rostros por las calles[5].
CRISTINA.	Y ¿esa es la mala nueva?
BRÍGIDA.	Pues para nosotras, ¿puede ser peor en el mundo?
CRISTINA.	Yo creo, hermana, que debe de ser alguna reformación de los coches; que no es posible que los quiten de todo

---

[4] *puerta de Guadalajara*: ver nota 20 de *El juez de los divorcios*.

[5] Alusión a dos pragmáticas: una de 1611 que vedaba el uso de los coches a las prostitutas, y otra anterior en la que se prohibía a las mujeres llevar el rostro tapado con el manto o el embozo, también por el uso que hacían de ello las rameras.

punto[6]; y será cosa muy acertada, porque, según he oído decir, andaba muy decaída la caballería en España, porque se empanaban diez o doce caballeros mozos en un coche, y azotaban las calles de noche y de día, sin acordárseles que había caballos y jineta en el mundo; y, como les falte la comodidad de las galeras de la tierra, que son los coches, volverán al ejercicio de la caballería, con quien sus antepasados se honraron.

BRÍGIDA.   ¡Ay, Cristina de mi alma! que también oí decir que, aunque dejan algunos, es con condición que no se presten, ni que en ellos ande ninguna... ya me entiendes.

CRISTINA.   Ese mal nos hagan: porque has de saber, hermana, que está en opinión, entre los que siguen la guerra, cuál es mejor, la caballería o la infantería, y hase averiguado que la infantería española lleva la gala[7] a todas las naciones; y agora podremos las alegres mostrar a pie nuestra gallardía, nuestro garbo y nuestra bizarría, y más yendo descubiertos los rostros, quitando la ocasión de que ninguno se llame a engaño si nos sirviese, pues nos ha visto.

BRÍGIDA.   ¡Ay, Cristina! no me digas eso, que linda cosa era ir sentada en la popa[8] de un coche, llenándola de parte a parte, dando rostro a quien y como y cuando quería. Y, en Dios y en mi ánima te digo que, cuando alguna vez me le prestaban, y me vía sentada en él con aquella autoridad, que me desvanecía tanto, que creía bien y verdaderamente que era mujer principal, y que más de cuatro señoras de título pudieran ser mis criadas.

CRISTINA.   ¿Veis, doña Brígida, como tengo yo razón en decir que ha sido bien quitar los coches, siquiera por quitarnos a nosotras el pecado de la vanagloria? Y más, que no era bien que un coche igualase a las no tales con las tales; pues, viendo los ojos extranjeros a una persona en un coche, pomposa por galas, reluciente por joyas, echaría a perder la cortesía, haciéndosela a ella como si fuera a una principal señora; así que, amiga, no debes acongojarte, sino acomoda tu brío y tu limpieza, y tu manto de soplillo[9] sevillano, y tus nuevos chapines, en todo caso,

---

[6] *de todo punto*: totalmente.

[7] *lleva la gala*: aventaja.

[8] Los asientos *(la popa)* traseros del coche eran los ocupados por la gente principal.

[9] *manto de soplillo*: manto de tela muy fina.

con las virillas de plata[10], y déjate ir por esas calles; que yo te aseguro que no falten moscas a tan buena miel, si quisieres dejar que a ti se lleguen; que engaño en más va que en besarla durmiendo[11].

BRÍGIDA. Dios te lo pague, amiga, que me has consolado con tus advertimientos y consejos; y en verdad que los pienso poner en prática, y pulirme y repulirme, y dar el rostro a pie, y pisar el polvico a tan menudico[12], pues no tengo quien me corte la cabeza, que éste que piensan que es mi marido, no lo es, aunque me ha dado palabra de serlo.

CRISTINA. ¡Jesús! ¿tan a la sorda y sin llamar se entra en mi casa, señor? ¿Qué es lo que vuestra merced manda?

Entra SOLÓRZANO.

SOLÓRZANO. Vuestra merced perdone el atrevimiento, que la ocasión hace al ladrón; hallé la puerta abierta, y entréme,

*Estampa de
E. Lechevallier-Chevignard
que representa una dama
castellana del siglo XVI
(Biblioteca Nacional, Madrid).*

[10] *chapines:* tipo de zapatos femeninos con suela de corcho; *virillas de plata*: adorno que llevaban las múltiples capas de corcho que formaban la suela de los chapines.

[11] Frase hecha que parece significar que en el engaño hay que agudizar el ingenio y no recurrir a lo fácil.

[12] Alusión a los versos y al baile del *polvillo*. Ver nota 42 de *La elección de los alcaldes de Daganzo*.

dándome ánimo al entrarme, venir a servir a vuestra merced, y no con palabras, sino con obras; y, si es que puedo hablar delante desta señora, diré a lo que vengo, y la intención que traigo.

CRISTINA. De la buena presencia de vuestra merced, no se puede esperar sino que han de ser buenas sus palabras y sus obras. Diga vuestra merced lo que quisiere; que la señora doña Brígida es tan mi amiga, que es otra yo misma.

SOLÓRZANO. Con ese seguro y con esa licencia, hablaré con verdad; y con verdad, señora, soy un cortesano a quien vuestra merced no conoce.

CRISTINA. así es la verdad.

SOLÓRZANO. Y ha muchos días que deseo servir a vuestra merced, obligado a ello de su hermosura, buenas partes y mejor término; pero estrechezas, que no faltan, han sido freno a las obras hasta agora, que la suerte ha querido que de Vizcaya me enviase un grande amigo mío a un hijo suyo, vizcaíno, muy galán, para que yo le lleve a Salamanca y le ponga de mi mano en compañía que le honre y le enseñe. Porque, para decir la verdad a vuestra merced, él es un poco burro, y tiene algo de mentecapto; y añádesele a esto una tacha, que es lástima decirla, cuanto más tenerla, y es que se toma algún tanto, un si es no es, del vino; pero no de manera que de todo en todo pierda el juicio, puesto que se le turba; y, cuando está asomado, y aun casi todo el cuerpo fuera de la ventana[13], es cosa maravillosa su alegría y su liberalidad: da todo cuanto tiene a quien se lo pide y a quien no se lo pide; y yo querría que, ya que el diablo se ha de llevar cuanto tiene, aprovecharme de alguna cosa, y no he hallado mejor medio que traerle a casa de vuestra merced, porque es muy amigo de damas, y aquí le desollaremos cerrado como a gato; y para principio traigo aquí a vuestra merced esta cadena en este bolsillo, que pesa ciento y veinte escudos de oro, la cual tomará vuestra merced y me dará diez escudos agora, que yo he menester para ciertas cosillas, y gastará otros veinte en una cena esta noche, que vendrá acá nuestro burro o nuestro

---

[13] *asomado y aun fuera de la ventana*: que no está muy sereno por haber bebido demasiado.

búfalo, que le llevo yo por el naso[14], como dicen, y, a dos idas y venidas, se quedará vuestra merced con toda la cadena, que yo no quiero más de los diez escudos de ahora. La cadena es bonísima, y de muy buen oro, y vale algo de hechura[15]: héla aquí, vuestra merced la tome.

CRISTINA. Beso a vuestra merced las manos por la que me ha hecho en acordarse de mí en tan provechosa ocasión; pero, si he de decir lo que siento, tanta liberalidad me tiene algo confusa y algún tanto sospechosa.

SOLÓRZANO. Pues ¿de qué es la sospecha, señora mía?

CRISTINA. De que podrá ser esta cadena de alquimia[16]; que se suele decir que no es de oro todo lo que reluce.

SOLÓRZANO. Vuestra merced habla discretísimamente; y no en balde tiene vuestra merced fama de la más discreta dama de la corte, y hame dado mucho gusto el ver cuán sin melindres ni rodeos me ha descubierto su corazón; pero para todo hay remedio, si no es para la muerte. Vuestra merced se cubra su manto, o envíe, si tiene de quién fiarse, y vaya a la Platería, y en el contraste se pese y toque[17] esa cadena, y cuando fuera fina, y de la bondad que yo he dicho, entonces vuestra merced me dará los diez escudos, harála una regalaría[18] al borrico, y se quedará con ella.

CRISTINA. Aquí pared y medio[19] tengo yo un platero, mi conocido, que con facilidad me sacará de duda.

SOLÓRZANO. Eso es lo que yo quiero, y lo que amo y lo que estimo; que las cosas claras Dios las bendijo.

CRISTINA. Si es que vuestra merced se atreve a fiarme esta cadena, en tanto que me satisfago, de aquí a un poco podrá venir, que yo tendré los diez escudos en oro.

SOLÓRZANO. ¡Bueno es eso! Fío mi honra de vuestra merced, ¿y no le había de fiar la cadena? Vuestra merced la haga tocar y retocar; que yo me voy, y volveré de aquí a media hora.

....

[14] *naso*: nariz.

[15] *hechura*: mano de obra.

[16] *de alquimia*: de latón o de otro metal que imite el oro.

[17] *la Platería*: zona de Madrid donde tenían sus tiendas los plateros, cerca de la puerta de Guadalajara; *contraste*: lugar donde se comprobaba la ley, peso y valor de las monedas y de los objetos de oro o plata; *tocar*: comprobar si un objeto es de oro en la piedra de toque.

[18] *regalaría*: caricia, mimo.

[19] *pared y medio*: muy cerca.

CRISTINA.   Y aun antes, si es que mi vecino está en casa.

Éntrase SOLÓRZANO.

BRÍGIDA.   Esta, Cristina mía, no sólo es ventura, sino venturón llovido. ¡Desdichada de mí! y ¡qué desgraciada que soy, que nunca topo quien me dé un jarro de agua, sin que me cueste mi trabajo primero! Sólo me encontré el otro día en la calle a un poeta, que de bonísima voluntad y con mucha cortesía me dio un soneto de la historia de Píramo y Tisbe[20], y me ofreció trecientos en mi alabanza.

CRISTINA.   Mejor fuera que te hubieras encontrado con un ginovés[21] que te diera trecientos reales.

BRÍGIDA.   ¡Sí, por cierto; ahí están los ginoveses de manifiesto y para venirse a la mano, como halcones al señuelo! Andan todos melancólicos y tristes con el decreto[22].

CRISTINA.   Mira, [Brígida], desto quiero que estés cierta: que vale más un ginovés quebrado, que cuatro poetas enteros: mas ¡ay! el viento corre en popa; mi platero es éste. Y ¿qué quiere mi buen vecino? que a fe que me ha quitado el manto de los hombros, que ya me le quería cubrir para buscarle.

Entra el PLATERO.

PLATERO.   Señora doña Cristina, vuestra merced me ha de hacer una merced de hacer todas sus fuerzas por llevar mañana a mi mujer a la comedia, que me conviene y me importa quedar mañana en la tarde libre de tener quien me siga y me persiga.

CRISTINA.   Eso haré yo de muy buena gana; y aun, si el señor vecino quiere mi casa y cuanto hay en ella, aquí la hallará sola y desembarazada; que bien sé en qué caen estos negocios.

---

[20] Mito que cuenta los trágicos amores de esta pareja: Píramo se suicida al creer muerta a Tisbe, y ésta, cuando ve muerto a su amado, hace lo mismo.

[21] *ginovés*: en esta época, muchos de los principales banqueros y prestamistas de la corte eran genoveses.

[22] Alusión a una medida gubernamental (1611) en la que se mandaba «tomar el dinero que viene de las Indias para S. M., y que no paguen de él las consignaciones de los hombres de negocios, hasta la plata que viniere el año que viene...». Así que los prestamistas genoveses iban a tardar en cobrar.

PLATERO.   No, señora; entretener a mi mujer me basta. Pero ¿qué quería vuestra merced de mí, que quería ir a buscarme?

CRISTINA.   No más, sino que me diga el señor vecino qué pesará esta cadena, y si es fina, y de qué quilates.

PLATERO.   Esta cadena he tenido yo en mis manos muchas veces, y sé que pesa ciento y cincuenta escudos[23] de oro de a veinte y dos quilates; y que si vuestra merced la compra y se la dan sin hechura, no perderá nada en ella.

CRISTINA.   Alguna hechura me ha de costar, pero no mucha.

PLATERO.   Mire cómo la concierta la señora vecina que yo le haré dar, cuando se quisiere deshacer della, diez ducados de hechura.

CRISTINA.   Menos me ha de costar, si yo puedo; pero mire el vecino no se engañe en lo que dice de la fineza del oro y cantidad del peso.

PLATERO.   ¡Bueno sería que yo me engañase en mi oficio! Digo, señora, que dos veces la he tocado eslabón por eslabón, y la he pesado, y la conozco como a mis manos.

BRÍGIDA.   Con eso nos contentamos.

PLATERO.   Y por más señas, sé que la ha llegado a pesar y a tocar un gentil hombre cortesano, que se llama Tal de Solórzano.

CRISTINA.   Basta, señor vecino; vaya con Dios, que yo haré lo que me deja mandado; yo la llevaré, y entretendré dos horas más, si fuese menester; que bien sé que no podrá dañar una hora más de entretenimiento.

PLATERO.   Con vuestra merced me entierren, que sabe de todo, y adiós, señora mía.

Éntrase el PLATERO.

BRÍGIDA.   ¿No haríamos con este cortesano Solórzano, que así se debe llamar sin duda, que trujese con el vizcaíno para mí alguna ayuda de costa, aunque fuese de algún borgoñón más borracho que un zaque[24]?

CRISTINA.   Por decírselo no quedará; pero vesle, aquí vuelve: priesa trae; diligente anda; sus diez escudos le aguijan y espolean.

---

[23] Hay aquí una contradicción: Solórzano dijo que pesaba ciento veinte escudos y el platero dice que ciento cincuenta.

[24] *zaque*: odre de cuero para el vino.

Entra SOLÓRZANO.

SOLÓRZANO.	Pues, señora doña Cristina, ¿ha hecho vuestra merced sus diligencias? ¿Está acreditada la cadena?
CRISTINA.	¿Cómo es el nombre de vuestra merced, por su vida?
SOLÓRZANO.	Don Esteban de Solórzano me suelen llamar en mi casa; pero, ¿por qué me lo pregunta vuestra merced?
CRISTINA.	Por acabar de echar el sello[25] a su mucha verdad y cortesía. Entretenga vuestra merced un poco a la señora doña Brígida, en tanto que entro por los diez escudos.

Éntrase CRISTINA.

BRÍGIDA.	Señor don Solórzano, ¿no tendrá vuestra merced por ahí algún mondadientes para mí? Que en verdad no soy para desechar, y que tengo yo tan buenas entradas y salidas en mi casa como la señora doña Cristina; que, a no temer que nos oyera alguna, le dijera yo al señor Solórzano más de cuatro tachas suyas: que sepa que tiene las tetas como dos alforjas vacías, y que no le huele muy bien el aliento, porque se afeita mucho[26]; y con todo eso la buscan, solicitan y quieren; que estoy por arañarme esta cara, más de rabia que de envidia, [porque] no hay quien me dé la mano, entre tantos que me dan del pie; en fin, la ventura de las feas[27].
SOLÓRZANO.	No se desespere vuestra merced, que, si yo vivo, otro gallo cantará en su gallinero.

Vuelve a entrar CRISTINA.

CRISTINA.	He aquí, señor don Esteban, los diez escudos, y la cena se aderezará esta noche como para un príncipe.
SOLÓRZANO.	Pues nuestro burro está a la puerta de la calle, quiero ir por él; vuestra merced me le acaricie, aunque sea como quien toma una píldora.

Vase SOLÓRZANO.

....

[25] *echar el sello*: confirmar.

[26] *afeitarse*: componerse, pintarse. Existía la creencia de que las pinturas que se ponían en la cara destruían los dientes y provocaban mal olor.

[27] Este refrán cuenta con varias terminaciones: «la ventura de las feas, ellas se la granjean»; «la ventura de las feas, las bonitas la desean», etc.

BRÍGIDA.	Ya le dije, amiga, que trujese quien me regalase a mí, y dijo que sí haría, andando el tiempo.
CRISTINA.	Andando el tiempo en nosotras, no hay quien nos regale; amiga, los pocos años traen la mucha ganancia, y los muchos, la mucha pérdida.
BRÍGIDA.	También le dije cómo vas muy limpia, muy linda, y muy agraciada, y que toda eras ámbar, almizcle, y algalia[28] entre algodones.
CRISTINA.	Ya yo sé, amiga, que tienes muy buenas ausencias.
BRÍGIDA.	[*Aparte.*] Mirad quién tiene amartelados; que vale más la suela de mi botín, que las arandelas de su cuello; otra vez vuelvo a decir: la ventura de las feas.

Entran QUIÑONES *y* SOLÓRZANO.

QUIÑONES.	Vizcaíno, manos bésame vuestra merced, que mándeme[29].
SOLÓRZANO.	Dice el señor vizcaíno, que besa las manos de vuestra merced, y que le mande.
BRÍGIDA.	¡Ay, qué linda lengua! Yo no la entiendo a lo menos, pero paréceme muy linda.
CRISTINA.	Yo beso las de mi señor vizcaíno, y más adelante.
QUIÑONES.	Pareces buena, hermosa; también noche esta cenamos; cadena quedas, duermes nunca, basta que doyla.
SOLÓRZANO.	Dice mi compañero que vuestra merced le parece buena y hermosa; que se apareje la cena; que él da la cadena, aunque no duerma acá, que basta que una vez la haya dado.
BRÍGIDA.	¿Hay tal Alejandro[30] en el mundo? ¡Venturón, venturón, y cien mil veces venturón!
SOLÓRZANO.	Si hay algún poco de conserva, y algún traguito del devoto[31] para el señor vizcaíno, yo sé que nos valdrá por uno ciento.

....

[28] *ámbar, almizcle y algalia*: tres perfumes de fuerte olor, muy apreciados en la época.

[29] Peculiar forma de hablar, maltratando la sintaxis, que se atribuía a los vascos en el teatro del Siglo de Oro.

[30] Brígida compara a Solórzano con Alejandro el Magno, prototipo de generosidad.

[31] *traguito del devoto*: se refiere al vino de San Martín de Valdeiglesias, muy famoso en aquella época.

CRISTINA.	Y ¡cómo si lo hay! Y yo entraré por ello, y se lo daré mejor que al Preste Juan de las Indias[32].

Éntrase CRISTINA.

QUIÑONES.	¡Dama que quedaste, tan buena como entraste!
BRÍGIDA.	¿Qué ha dicho, señor Solórzano?
SOLÓRZANO.	Que la dama que se queda, que es vuestra merced, es tan buena como la que se ha entrado.
BRÍGIDA.	Y ¡cómo que está en lo cierto el señor vizcaíno! A fe que en este parecer que no es nada burro.
QUIÑONES.	Burro el diablo; vizcaíno ingenio queréis cuando tenerlo.
BRÍGIDA.	Ya le entiendo: que dice que el diablo es el burro, y que los vizcaínos, cuando quieren tener ingenio, le tienen.
SOLÓRZANO.	Así es, sin faltar un punto.

Vuelve a salir CRISTINA *con un criado o criada, que traen una caja de conserva, una garrafa con vino, su cuchillo, y servilleta.*

CRISTINA.	Bien puede comer el señor vizcaíno, y sin asco; que todo cuanto hay en esta casa es la quinta esencia de la limpieza.
QUIÑONES.	Dulce conmigo, vino y agua llamas bueno, santo le muestras, ésta le bebo y otra también.
BRÍGIDA.	¡Ay, Dios, y con qué donaire lo dice el buen señor, aunque no le entiendo!
SOLÓRZANO.	Dice que, con lo dulce, también bebe vino como agua; y que este vino es de San Martín, y que beberá otra vez.
CRISTINA.	Y aun otras ciento; su boca puede ser medida.
SOLÓRZANO.	No le den más, que le hace mal, y ya se le va echando de ver; que le he yo dicho al señor Azcaray que no beba vino en ningún modo, y no aprovecha.
QUIÑONES.	Vamos, que vino que subes y bajas, lengua es grillos y corma[33] es pies; tarde vuelvo, señora, Dios que te guárdate.
SOLÓRZANO.	¡Miren lo que dice, y verán si tengo yo razón!

[32] *Preste Juan de las Indias*: personaje legendario identificado con distintos príncipes y emperadores.

[33] *corma*: especie de traba de madera que se pone a los pies de un animal para impedirle que corra. También se ponía a los esclavos para que no huyesen.

CRISTINA.	¿Qué es lo que ha dicho, señor Solórzano?
SOLÓRZANO.	Que el vino es grillo de su lengua y corma de sus pies; que vendrá esta tarde, y que vuestras mercedes se queden con Dios.
BRÍGIDA.	¡Ay, pecadora de mí, y cómo que se le turban los ojos y se trastraba la lengua! ¡Jesús, que ya va dando traspiés! ¡Pues monta que ha bebido mucho! La mayor lástima es ésta que he visto en mi vida; ¡Miren qué mocedad y que borrachera!.
SOLÓRZANO.	Ya venía él refrendado de casa. Vuestra merced, señora Cristina, haga aderezar la cena, que yo le quiero llevar a dormir el vino, y seremos temprano esta tarde.

Éntranse el VIZCAÍNO *y* SOLÓRZANO.

CRISTINA.	Todo estará como de molde; vayan vuestras mercedes en hora buena.
BRÍGIDA.	Amiga Cristina, muéstrame esa cadena, y déjame dar con ella dos filos al deseo[34]. ¡Ay, qué linda, qué nueva, qué reluciente y qué barata! Digo, Cristina, que, sin saber cómo ni cómo no, llueven los bienes sobre ti, y se te entra la ventura por las puertas, sin solicitalla. En efeto, eres venturosa sobre las venturosas; pero todo lo merece tu desenfado, tu limpieza y tu magnífico término: hechizos bastantes a rendir las más descuidadas y esentas voluntades; y no como yo, que no soy para dar migas a un gato[35]. Toma tu cadena, hermana, que estoy para reventar en lágrimas, y no de envidia que a ti te tengo, sino de lástima que me tengo a mí.

Vuelve a entrar SOLÓRZANO.

SOLÓRZANO.	¡La mayor desgracia nos ha sucedido del mundo!
BRÍGIDA.	¡Jesús! ¿desgracia? ¿Y qué es, señor Solórzano?
SOLÓRZANO.	A la vuelta desta calle, yendo a la casa, encontramos con un criado del padre de nuestro vizcaíno, el cual trae cartas y nuevas de que su padre queda a punto de espirar, y le manda que al momento se parta, si quiere

[34] *dar dos filos al deseo*: aguzar el deseo, estimularlo.
[35] *no ser para dar migas a un gato*: no servir para nada.

hallarle vivo. Trae dinero para la partida, que sin duda ha de ser luego. Yo le he tomado diez escudos para vuestra merced, y velos aquí, con los diez que vuestra merced me dio denantes, y vuélvaseme la cadena; que, si el padre vive, el hijo volverá a darla, o yo no seré don Esteban de Solórzano.

CRISTINA.   En verdad, que a mí me pesa; y no por mi interés, sino por la desgracia del mancebo, que ya le había tomado afición.

BRÍGIDA.   Buenos son diez escudos ganados tan holgadamente; tómalos, amiga, y vuelve la cadena al señor Solórzano.

CRISTINA.   Vela aquí, y venga el dinero; que en verdad que pensaba gastar más de treinta en la cena.

SOLÓRZANO.   Señora Cristina, al perro viejo nunca tus tus; estas tretas, con los de las galleruzas, y con este perro a otro hueso[36].

CRISTINA.   ¿Para qué son tantos refranes, señor Solórzano?

SOLÓRZANO.   Para que entienda vuestra merced que la codicia rompe el saco. ¿Tan presto se desconfió de mi palabra, que quiso vuestra merced curarse en salud, y salir al lobo al camino, como la gansa de Cantimpalos[37]? Señora Cristina, señora Cristina, lo bien ganado se pierde, y lo malo, ello y su dueño. Venga mi cadena verdadera, y tómese vuestra merced su falsa, que no ha de haber conmigo transformaciones de Ovidio[38] en tan pequeño espacio. ¡Oh hi de puta, y qué bien que la amoldaron, y qué presto!

CRISTINA.   ¿Qué dice vuestra merced, señor mío, que no le entiendo?

SOLÓRZANO.   Digo que no es ésta la cadena que yo dejé a vuestra merced, aunque le parece; que ésta es de alquimia, y la otra es de oro de a veinte y dos quilates.

BRÍGIDA.   En mi ánima, que así lo dijo el vecino, que es platero.

---

[36] Los tres refranes quieren decir lo mismo: que no pretenda engañar a una persona de su experiencia, que esos engaños son para los ignorantes. En el último refrán hay un trastrueque: «A otro perro con ese hueso». *Galleruza*: gorro propio de los rústicos.

[37] Expresión proverbial que parece sinónima de «curarse en salud».

[38] Se refiere a los cambios que sufren los personajes mitológicos en *Las metamorfosis* del poeta latino Ovidio.

CRISTINA.   ¿Aun el diablo sería eso[39]?

SOLÓRZANO.   El diablo o la diabla, mi cadena venga, y dejémonos de voces, y excúsense juramentos y maldiciones.

CRISTINA.   El diablo me lleve, lo cual querría que no me llevase, si no es ésa la cadena que vuestra merced me dejó, y que no he tenido otra en mis manos. ¡Justicia de Dios, si tal testimonio se me levantase!

SOLÓRZANO.   Que no hay para qué dar gritos, y más estando ahí el señor Corregidor, que guarda su derecho a cada uno.

CRISTINA.   Si a las manos del Corregidor llega este negocio, yo me doy por condenada; que tiene de mí tan mal concepto, que ha de tener mi verdad por mentira, y mi virtud por vicio. Señor mío, si yo he tenido otra cadena en mis manos, sino aquesta, de cáncer las vea yo comidas.

               Entra un ALGUACIL.

ALGUACIL.   ¿Qué voces son éstas, qué gritos, qué lágrimas y que maldiciones?

SOLÓRZANO.   Vuestra merced, señor alguacil, ha venido aquí como de molde. A esta señora del rumbo[40] sevillano le empeñé una cadena, habrá una hora, en diez ducados, para cierto efecto; vuelvo agora a desempeñarla, y, en lugar de una que le di, que pesaba ciento y cincuenta ducados de oro de veinte y dos quilates, me vuelve ésta de alquimia, que no vale dos ducados; y quiere poner mi justicia a la venta de la zarza[41], a voces y a gritos, sabiendo que será testigo desta verdad esta misma señora, ante quien ha pasado todo.

BRÍGIDA.   Y ¡cómo si ha pasado!, y aun repasado; y, en Dios y en mi ánima, que estoy por decir que este señor tiene razón; aunque no puedo imaginar dónde se pueda haber hecho el trueco, porque la cadena no ha salido de aquesta sala.

SOLÓRZANO.   La merced que el señor alguacil me ha de hacer es llevar a la señora al Corregidor; que allá nos averiguaremos.

....

[39] Eso sería cosa del diablo.

[40] *señora del rumbo*: mujer de mala vida.

[41] *a la venta de la zarza*: a voces y a gritos, con el fin de crear confusión.

CRISTINA.	Otra vez torno a decir que, si ante el Corregidor me lleva, me doy por condenada.
BRÍGIDA.	Sí, porque no estoy bien con sus huesos.
CRISTINA.	Desta vez me ahorco. Desta vez me desespero. Desta vez me chupan brujas[42].
SOLÓRZANO.	Ahora bien; yo quiero hacer una cosa por vuestra merced, señora Cristina, siquiera porque no la chupen brujas, o por lo menos se ahorque: esta cadena se parece mucho a la fina del vizcaíno; él es mentecapto y algo borrachuelo; yo se la quiero llevar, y darle a entender que es la suya, y vuestra merced contente aquí al señor alguacil; y gaste la cena desta noche, y sosiegue su espíritu, pues la pérdida no es mucha.
CRISTINA.	Págueselo a vuestra merced todo el cielo; al señor alguacil daré media docena de escudos, y en la cena gastaré uno, y quedaré por esclava perpetua del señor Solórzano.
BRÍGIDA.	Y yo me haré rajas[43] bailando en la fiesta.
ALGUACIL.	Vuestra merced ha hecho como liberal y buen caballero, cuyo oficio ha de ser servir a las mujeres.
SOLÓRZANO.	Vengan los diez escudos que di demasiados.
CRISTINA.	Hélos aquí, y más los seis para el señor alguacil.

Entran dos MÚSICOS *y* QUIÑONES, *el vizcaíno.*

BRÍGIDA.	Todo lo hemos oído, y acá estamos.
QUIÑONES.	Ahora sí que puede decir a mi señora Cristina: mamóla[44] una y cien mil veces.
BRÍGIDA.	¿Han visto qué claro que habla el vizcaíno?
QUIÑONES.	Nunca hablo yo turbio, si no es cuando quiero.
CRISTINA.	Que me maten si no me la han dado a tragar estos bellacos.
QUIÑONES.	Señores músicos, el romance que les di y que saben, ¿para qué se hizo?

---

[42] Alusión a la creencia de que las brujas chupaban la sangre a las personas, especialmente a los niños, durante el sueño.

[43] *hacerse rajas*: despedazarse.

[44] *mamóla*: cayó en el engaño, tragóla.

MÚSICOS.   *La mujer más avisada,*
           o sabe poco, o no nada.

           La mujer que más presume
           de cortar como navaja
           los vocablos repulgados,
           entre las godeñas[45] pláticas:
           la que sabe de memoria,
           A Lo Fraso y a *Diana,*[46]
           y al *Caballero del Febo*
           con *Olivante de Laura;*
           la que seis veces al mes
           al gran *Don Quijote* pasa,
           aunque más sepa de aquesto,
           o sabe poco, o no nada.

           La que se fía en su ingenio,
           lleno de fingidas trazas,
           fundadas en interés
           y en voluntades tiranas;
           la que no sabe guardarse,
           cual dicen, del agua mansa,
           y se arroja a las corrientes
           que ligeramente pasan;
           la que piensa que ella sola
           es el colmo de la nata
           en esto del trato alegre,
           o sabe poco, o no nada.

CRISTINA. Ahora bien, yo quedo burlada, y, con todo esto, convi-
           do a vuestras mercedes para esta noche.

QUIÑONES. Aceptamos el convite, y todo saldrá en la colada[47].

---

[45] *godeñas*: nobles, señoriles, en lengua de germanía.

[46] Enhebra aquí Cervantes una serie de títulos de libros pastoriles y caballerescos, excepto Lofraso, que es nombre del autor de uno de ellos.

[47] *y todo saldrá en la colada*: y se sabrá todo lo que ha pasado.

EL RETABLO[1] DE LAS MARAVILLAS

Salen CHANFALLA *y la* CHIRINOS.

CHANFALLA. No se te pasen de la memoria, Chirinos, mis advertimientos, principalmente los que te he dado para este nuevo embuste, que ha de salir tan a luz[2] como el pasado del llovista[3].

CHIRINOS. Chanfalla ilustre, lo que en mí fuere tenlo como de molde; que tanta memoria tengo como entendimiento, a quien se junta una voluntad de acertar a satisfacerte, que excede a las demás potencias[4]. Pero dime, ¿de qué sirve este Rabelín que hemos tomado? Nosotros dos solos, ¿no pudiéramos salir con esta empresa?

CHANFALLA. Habíamosle menester como el pan de la boca, para tocar en los espacios que tardaren en salir las figuras del Retablo de las maravillas.

CHIRINOS. Maravilla será si no nos apedrean por solo el Rabelín; porque tan desventurada criaturilla no la he visto en todos los días de mi vida.

Entra el RABELÍN.

---

[1] *retablo*: escenario de títeres.

[2] *salir tan a luz*: tener tanto éxito.

[3] Se hace alusión a un timo de origen folclórico: un estudiante finge que es mago y que es capaz de hacer llover a voluntad. Los labradores le asignan un gran salario, pero son incapaces de ponerse de acuerdo sobre si hace falta la lluvia o no. El astuto estudiante saca partido de la discordia.

[4] La memoria, el entendimiento y la voluntad son las tres potencias del alma.

RABELÍN.   ¿Hase de hacer algo en este pueblo, señor Autor[5]? Que ya me muero porque vuestra merced vea que no me tomó a carga cerrada[6].

CHIRINOS.   Cuatro cuerpos de los vuestros no harán un tercio, cuanto más una carga[7]; si no sois más gran músico que grande, medrados estamos.

RABELÍN.   Ello dirá; que en verdad que me han escrito para entrar en una compañía de partes[8], por chico que soy.

CHANFALLA.   Si os han de dar la parte a medida del cuerpo, casi será invisible. Chirinos, poco a poco estamos ya en el pueblo, y éstos que aquí vienen deben de ser, como lo son sin duda, el Gobernador y los Alcaldes. Salgámosles al encuentro, y date un filo a la lengua en la piedra de la adulación; pero no despuntes de aguda.

Salen el GOBERNADOR *y* BENITO REPOLLO, *alcalde,* JUAN CASTRADO, *regidor, y* PEDRO CAPACHO, *escribano.*

Beso a vuestras mercedes las manos. ¿Quién de vuestras mercedes es el Gobernador deste pueblo?

GOBERNADOR.   Yo soy el gobernador; ¿qué es lo que queréis, buen hombre?

CHANFALLA.   A tener yo dos onzas de entendimiento, hubiera echado de ver que esa peripatética y anchurosa[9] presencia no podía ser de otro que del dignísimo Gobernador deste honrado pueblo; que con venirlo a ser de las Algarrobillas[10] lo deseche vuestra merced.

CHIRINOS.   En vida de la señora y de los señoritos[11], si es que el señor Gobernador los tiene.

....

[5] *Autor*: director o empresario de una compañía de teatro.

[6] *a carga cerrada*: sin cuenta y razón.

[7] Juego de palabras con los significados de *carga*: unidad de medida equivalente al peso que puede llevar sobre sí el hombre o la bestia, y *tercio*: 'la mitad de una carga', con lo que se burla de la poca estatura del músico.

[8] *compañía de partes*: compañía en la que los actores (partes) se repartían las ganancias proporcionalmente a la importancia de sus papeles.

[9] *peripatética y anchurosa*: adjetivos que Chanfalla supone significan algo muy importante teniendo en cuenta su sonoridad.

[10] *Las Algarrobillas*: lugar de la provincia de Cáceres, famoso por sus jamones; sus habitantes eran tenidos por ignorantes.

[11] Se refiere a la mujer y a los hijos del Gobernador.

CAPACHO.   No es casado el señor Gobernador.

CHIRINOS.   Para cuando lo sea; que no se perderá nada.

GOBERNADOR.   Y bien, ¿qué es lo que queréis, hombre honrado?

CHIRINOS.   Honrados días viva vuestra merced, que así nos honra; en fin, la encina da bellotas; el pero, peras; la parra, uvas; y el honrado, honra, sin poder hacer otra cosa.

BENITO.   Sentencia ciceronianca[12], sin quitar ni poner un punto.

CAPACHO.   *Ciceroniana* quiso decir el señor alcalde Benito Repollo.

BENITO.   Siempre quiero decir lo que es mejor, sino que las más veces no acierto; en fin, buen hombre, ¿qué queréis?

CHANFALLA.   Yo, señores míos, soy Montiel, el que trae el *Retablo de las maravillas*. Hanme enviado a llamar de la corte los señores cofrades de los hospitales, porque no hay autor de comedias en ella, y perecen los hospitales[13], y con mi ida se remediará todo.

GOBERNADOR.   Y ¿qué quiere decir *Retablo de las maravillas*?

CHANFALLA.   Por las maravillosas cosas que en él se enseñan y muestran, viene a ser llamado *Retablo de las maravillas*; el cual fabricó y compuso el sabio Tontonelo, debajo de tales paralelos, rumbos, astros y estrellas, con tales puntos, caracteres y observaciones, que ninguno puede ver las cosas que en él se muestran, que tenga alguna raza de confeso[14], o no sea habido y procreado de sus padres de legítimo matrimonio; y el que fuere contagiado destas dos tan usadas enfermedades, despídase de ver las cosas, jamás vistas ni oídas, de mi Retablo.

BENITO.   Ahora echo de ver que cada día se ven en el mundo cosas nuevas. Y ¡qué! ¿Se llamaba Tontonelo el sabio que el Retablo compuso?

CHIRINOS.   Tontonelo se llamaba, nacido en la ciudad de Tontonela; hombre de quien hay fama que le llegaba la barba a la cintura.

---

[12] *ciceronianca*: deformación de ciceroniana, propia de Cicerón.

[13] Los hospitales se financiaban con la recaudación de las entradas de las representaciones teatrales. Por los años en que Cervantes escribe este paso habían muerto cuatro autores de comedias y las representaciones escaseaban en los corrales madrileños; por esta razón se acudía a los títeres.

[14] *confeso*: judío o morisco convertido a la religión católica.

BENITO.	Por la mayor parte, los hombres de grandes barbas son sabihondos.
GOBERNADOR.	Señor regidor Juan Castrado, yo determino, debajo de su buen parecer[15], que esta noche se despose la señora Teresa Castrada, su hija, de quien yo soy padrino, y, en regocijo de la fiesta, quiero que el señor Montiel muestre en vuestra casa su Retablo.
JUAN CASTRADO.	Eso tengo yo por servir al señor Gobernador, con cuyo parecer me convengo, entablo y arrimo, aunque haya otra cosa en contrario.
CHIRINOS.	La cosa que hay en contrario es, que, si no se nos paga primero nuestro trabajo, así verán las figuras como por el cerro de Úbeda[16]. ¿Y vuestras mercedes, señores Justicias, tienen conciencia y alma en esos cuerpos? ¡Bueno sería que entrase esta noche todo el pueblo en casa del señor Juan Castrado, o como es su gracia[17], y viese lo contenido en el tal Retablo, y mañana, cuando quisiésemos mostralle al pueblo, no hubiese ánima que le viese! No, señores; no, señores; *ante omnia*[18] nos han de pagar lo que fuere justo.
BENITO.	Señora Autora, aquí no os ha de pagar ninguna Antona, ni ningún Antoño; el señor regidor Juan Castrado os pagará más que honradamente, y si no, el Concejo. ¡Bien conocéis el lugar, por cierto! Aquí, hermana, no aguardamos a que ninguna Antona pague por nosotros.
CAPACHO.	¡Pecador de mí, señor Benito Repollo, y qué lejos da del blanco! No dice la señora Autora que pague ninguna Antona, sino que le paguen adelantado y ante todas cosas, que eso quiere decir *ante omnia*.
BENITO.	Mirad, escribano Pedro Capacho, haced vos que me hablen a derechas, que yo entenderé a pie llano[19]; vos,

----

[15] *debajo de su buen parecer*: con su aprobación.

[16] Expresión que se usa generalmente en plural (*como por los cerros de Úbeda*) para dar a entender que alguien se empeña en hacer lo contrario de lo que le dicen o bien que se separa mucho del asunto que se trata. Aquí parece servir de refuerzo a la negativa de Chirinos: 'no verán las figuras si no pagan por adelantado'.

[17] *su gracia*: su nombre.

[18] *ante omnia*: expresión latina que significa 'ante todo', como se explica más adelante con motivo del malentendido de Benito Repollo.

[19] *a pie llano*: fácilmente, sin problema.

que sois leído y escribido, podéis entender esas algarabías de allende[20], que yo no.

JUAN CASTRADO. Ahora bien; ¿contentarse ha el señor Autor con que yo le dé adelantados media docena de ducados? Y más, que se tendrá cuidado que no entre gente del pueblo esta noche en mi casa.

CHANFALLA. Soy contento; porque yo me fío de la diligencia de vuestra merced y de su buen término.

JUAN CASTRADO. Pues véngase conmigo. Recibirá el dinero, y verá mi casa, y la comodidad que hay en ella para mostrar ese Retablo.

CHANFALLA. Vamos; y no se les pase de las mientes las calidades que han de tener los que se atrevieren a mirar el maravilloso Retablo.

BENITO. A mi cargo queda eso, y séle decir que, por mi parte, puedo ir seguro a juicio, pues tengo el padre alcalde[21]; cuatro dedos de enjundia de cristiano viejo rancioso tengo sobre los cuatro costados de mi linaje[22]: ¡miren si veré el tal Retablo!

CAPACHO. Todos le pensamos ver, señor Benito Repollo.

JUAN CASTRADO. No nacimos acá en las malvas[23], señor Pedro Capacho.

GOBERNADOR. Todo será menester, según voy viendo, señores Alcalde, Regidor y Escribano.

JUAN CASTRADO. Vamos, Autor, y manos a la obra; que Juan Castrado me llamo, hijo de Antón Castrado y de Juana Macha; y no digo más en abono y seguro que podré ponerme cara a cara y a pie quedo[24] delante del referido Retablo.

CHIRINOS. ¡Dios lo haga!

Éntranse JUAN CASTRADO *y* CHANFALLA.

....

[20] *algarabías de allende*: lo que no se entiende o tiene un razonamiento disparatado; *algarabía*: la lengua árabe y, por extensión, toda lengua ininteligible; *allende*: de la parte de allá.

[21] Alusión al refrán «Quien tiene el padre alcalde, seguro va a juicio», es decir, tiene quien le proteja.

[22] Alardea de la limpieza de su linaje, sin mezcla de sangre judía o mora.

[23] *nacer en las malvas*: tener humilde nacimiento.

[24] *a pie quedo*: sin esfuerzo.

GOBERNADOR. Señora Autora, ¿qué poetas se usan ahora en la corte, de fama y rumbo, especialmente de los llamados cómicos[25]? Porque yo tengo mis puntas y collar de poeta, y pícome de la farándula y carátula[26]. Veinte y dos comedias tengo, todas nuevas, que se veen las unas a las otras[27], y estoy aguardando coyuntura para ir a la corte y enriquecer con ellas media docena de autores.

CHIRINOS. A lo que vuestra merced, señor Gobernador, me pregunta de los poetas, no le sabré responder; porque hay tantos, que quitan el sol; y todos piensan que son famosos. Los poetas cómicos son los ordinarios y que siempre se usan, y así no hay para qué nombrallos. Pero dígame vuestra merced, por su vida: ¿cómo es su buena gracia? ¿Cómo se llama?

GOBERNADOR. A mí, señora Autora, me llaman el licenciado Gomecillos.

CHIRINOS. ¡Válame Dios! ¿Y que vuestra merced es el señor licenciado Gomecillos, el que compuso aquellas coplas tan famosas de *Lucifer estaba malo*, y *Tómale mal de fuera*?

GOBERNADOR. Malas lenguas hubo que me quisieron ahijar esas coplas, y así fueron mías como del Gran Turco[28]. Las que yo compuse, y no lo quiero negar, fueron aquellas que trataron del diluvio de Sevilla; que, puesto que los poetas son ladrones unos de otros, nunca me precié de hurtar nada a nadie: con mis versos me ayude Dios, y hurte el que quisiere.

Vuelve CHANFALLA.

CHANFALLA. Señores, vuestras mercedes vengan, que todo está a punto, y no falta más que comenzar.

CHIRINOS. ¿Está ya el dinero *in corbona*[29]?

---

[25] *poetas cómicos*: dramaturgos, escritores de obras de teatro.

[26] *tengo mis puntas y collar de poeta*: tengo algo de poeta; *y pícome de la farándula y carátula*: y me precio de pertenecer al mundo del teatro.

[27] *que se veen las unas a las otras*: bien contadas, una tras otra.

[28] *el Gran Turco*: el Sultán de Constantinopla. Expresión usada para recalcar una negación.

[29] *in corbona*: 'en el tesoro del templo'; aquí, 'en el saco', 'bien guardado'. Es expresión latina tomada del Evangelio de San Mateo.

CHANFALLA.	Y aun entre las telas del corazón.
CHIRINOS.	Pues doite por aviso, Chanfalla, que el Gobernador es poeta.
CHANFALLA.	¿Poeta? ¡Cuerpo del mundo! Pues dale por engañado, porque todos los de humor semejante son hechos a la mazacona[30], gente descuidada, crédula y no nada maliciosa.
BENITO.	Vamos, Autor; que me saltan los pies por ver esas maravillas.

Éntranse todos.

Salen JUANA CASTRADA *y* TERESA REPOLLA, *labradoras; la una como desposada*[31], *que es la* CASTRADA.

CASTRADA.	Aquí te puedes sentar, Teresa Repolla, amiga, que tendremos el Retablo enfrente; y pues sabes las condiciones que han de tener los miradores del Retablo, no te descuides, que sería una gran desgracia.
TERESA REPOLLA.	Ya sabes, Juana Castrada, que soy tu prima, y no digo más. ¡Tan cierto tuviera yo el cielo como tengo cierto ver todo aquello que el Retablo mostrare! ¡Por el siglo de mi madre, que me sacase los mismos ojos de mi cara, si alguna desgracia me aconteciese! ¡Bonita soy yo para eso!
CASTRADA.	Sosiégate, prima; que toda la gente viene.

Entran el GOBERNADOR, BENITO REPOLLO, JUAN CASTRADO, PEDRO CAPACHO, *el* AUTOR *y la* AUTORA, *y el* MÚSICO, *y otra gente del pueblo, y un* SOBRINO *de Benito, que ha de ser aquel gentil hombre que baila.*

CHANFALLA.	Siéntense todos. El Retablo ha de estar detrás deste repostero[32], y la Autora también, y aquí el músico.
BENITO.	¿Músico es éste? Métanle también detrás del repostero; que, a trueco de no velle, daré por bien empleado el no oílle.

....

[30] *a la mazacona*: a la buena de Dios.
[31] *como desposada*: vestida de novia.
[32] *repostero*: colgadura, tapiz grande.

CHANFALLA.	No tiene vuestra merced razón, señor alcalde Repollo, de descontentarse del músico, que en verdad que es muy buen cristiano, y hidalgo de solar conocido[33].
GOBERNADOR.	¡Calidades son bien necesarias para ser buen músico!
BENITO.	De solar, bien podrá ser; mas de sonar, *abrenuncio*[34].
RABELÍN.	¡Eso se merece el bellaco que se viene a sonar delante de...!
BENITO.	¡Pues por Dios, que hemos visto aquí sonar a otros músicos tan ...!
GOBERNADOR.	Quédese esta razón en el *de* del señor Rabel y en el *tan* del Alcalde, que será proceder en infinito[35]; y el señor Montiel comience su obra.
BENITO.	Poca balumba[36] trae este autor para tan gran Retablo.
JUAN CASTRADO.	Todo debe de ser de maravillas.
CHANFALLA.	¡Atención, señores, que comienzo! –¡Oh tú, quien quiera que fuiste, que fabricaste este Retablo con tan maravilloso artificio, que alcanzó renombre *de las maravillas*: por la virtud que en él se encierra, te conjuro, apremio y mando que luego incontinenti[37] muestres a estos señores algunas de las tus maravillosas maravillas, para que se regocijen y tomen placer, sin escándalo alguno! Ea, que ya veo que has otorgado mi petición, pues por aquella parte asoma la figura del valentísimo Sansón[38], abrazado con las colunas del templo, para derriballe por el suelo y tomar venganza de sus enemigos. ¡Tente, valeroso caballero; tente, por la gracia de Dios Padre! ¡No hagas tal desaguisado, porque no cojas debajo y hagas tortilla tanta y tan noble gente como aquí se ha juntado!

---

[33] *de solar conocido*: de casa y apellido de conocido origen, es decir, que desciende de cristianos viejos.

[34] *abrenuncio*: expresión litúrgica de la Iglesia, después usada como fórmula para negar o rechazar algo, especialmente en sentido jocoso. Juego fónico entre *sonar* y *solar*.

[35] *proceder en infinito*: dilatarse mucho, no acabar nunca.

[36] *balumba*: bulto que hacen muchas cosas juntas.

[37] *incontinenti*: al instante.

[38] *Sansón*: juez de Israel que utilizó su fuerza sobrenatural para librar a los hebreos de la opresión de los filisteos. Entregado a sus enemigos, se abrazó a las columnas del templo en el que era exhibido y derribó éste sobre los presentes.

BENITO. ¡[Téngase], cuerpo de tal conmigo! ¡Bueno sería que, en lugar de habernos venido a holgar, quedásemos aquí hechos plasta! ¡Téngase, señor Sansón, pesia a mis males, que se lo ruegan buenos[39]!

CAPACHO. ¿Veisle vos, Castrado?

JUAN CASTRADO. Pues ¿no le había de ver? ¿Tengo yo los ojos en el colodrillo?

GOBERNADOR. [*Aparte.*] Milagroso caso es éste: así veo yo a Sansón ahora, como el Gran Turco. Pues en verdad que me tengo por legítimo y cristiano viejo.

CHIRINOS. ¡Guárdate[40], hombre, que sale el mesmo toro que mató al ganapán[41] en Salamanca! ¡Échate, hombre; échate, hombre; Dios te libre, Dios te libre!

CHANFALLA. ¡Échense todos, échense todos! ¡Huchohó[42]!, ¡huchohó!, ¡huchohó!

Échanse todos, y alborótanse.

BENITO. El diablo lleva en el cuerpo el torillo; sus partes tiene de hosco y de bragado; si no me tiendo, me lleva de vuelo.

JUAN CASTRADO. Señor Autor, haga, si puede, que no salgan figuras que nos alboroten; y no lo digo por mí, sino por estas mochachas, que no les ha quedado gota de sangre en el cuerpo, de la ferocidad del toro.

CASTRADA. Y ¡cómo, padre! No pienso volver en mí en tres días; ya me vi en sus cuernos, que los tiene agudos como una lesna[43].

JUAN CASTRADO. No fueras tú mi hija, y no lo vieras.

GOBERNADOR. [*Aparte.*] Basta; que todos ven lo que yo no veo; pero al fin habré de decir que lo veo, por la negra honrilla.

....

[39] *pesia*: contracción de *pese a*; *buenos*: hay elipsis de la palabra *hombres*.

[40] *guárdate*: atiende, apártate.

[41] *ganapán*: mozo de cuerda y, en general, cualquier hombre rudo.

[42] *huchohó*: voz que utilizan los cazadores de cetrería para llamar al pájaro y recobrarlo; aquí se emplea para llamar al toro.

[43] *lesna*: lezna, instrumento que sirve para hacer agujeros.

CHIRINOS.	Esa manada de ratones que allá va, deciende por línea recta de aquellos que se criaron en el arca de Noé; dellos son blancos, dellos albarazados[44], dellos jaspeados y dellos azules; y, finalmente, todos son ratones.
CASTRADA.	¡Jesús! ¡Ay de mí! ¡Ténganme, que me arrojaré por aquella ventana! ¿Ratones? ¡Desdichada! Amiga, apriétate las faldas, y mira no te muerdan; y ¡monta que[45] son pocos! ¡Por el siglo de mi abuela, que pasan de milenta[46]!
REPOLLA.	Yo sí soy la desdichada, porque se me entran sin reparo ninguno; un ratón morenico me tiene asida de una rodilla. ¡Socorro venga del cielo, pues en la tierra me falta!
BENITO.	Aun bien que tengo gregüescos[47]: que no hay ratón que se me entre, por pequeño que sea.
CHANFALLA.	Esta agua, que con tanta priesa se deja descolgar de las nubes, es de la fuente que da origen y principio al río Jordán. Toda mujer a quien tocare en el rostro se le volverá como de plata bruñida, y a los hombres se les volverán las barbas como de oro[48].
CASTRADA.	¿Oyes, amiga? Descubre el rostro, pues ves lo que te importa. ¡Oh, qué licor tan sabroso! Cúbrase, padre, no se moje.
JUAN CASTRADO.	Todos nos cubrimos, hija.
BENITO.	Por las espaldas me ha calado el agua hasta la canal maestra[49].
CAPACHO.	Yo estoy más seco que un esparto.
GOBERNADOR.	[Aparte.] ¿Qué diablos puede ser esto, que aún no me ha tocado una gota, donde todos se ahogan? Mas ¿si viniera yo a ser bastardo entre tantos legítimos?
BENITO.	Quítenme de allí aquel músico; si no, voto a Dios que me vaya sin ver más figura. ¡Válgate el diablo por músico aduendado, y qué hace de menudear sin cítola[50] y sin son!

44 *dellos: de ellos* usado como partitivo, 'una parte'; *albarazado*: con manchas blancas o de otro color.

45 *¡monta que...!*: ¡mira que...!, ¡anda que...!

46 *milenta*: mil.

47 *gregüescos*: calzones anchos ajustados a la rodilla.

48 Según la tradición, las aguas del río Jordán tenían la virtud de devolver la juventud perdida a quien se bañase en ellas.

49 *canal maestra*: cavidad que se forma entre las dos nalgas.

50 *menudear*: tocar a menudo, repetidamente; *cítola*: cítara.

Rabelín.	Señor alcalde, no tome conmigo la hincha; que yo toco como Dios ha sido servido de enseñarme.
Benito.	¿Dios te había de enseñar, sabandija? ¡Métete tras la manta[51]; si no, por Dios que te arroje este banco!
Rabelín.	El diablo creo que me ha traído a este pueblo.
Capacho.	Fresca es el agua del santo río Jordán; y, aunque me cubrí lo que pude, todavía me alcanzó un poco en los bigotes, y apostaré que los tengo rubios como un oro.
Benito.	Y aun peor cincuenta veces.
Chirinos.	Allá van hasta dos docenas de leones rampantes[52] y de osos colmeneros. Todo viviente se guarde; que, aunque fantásticos, no dejarán de dar alguna pesadumbre, y aun de hacer las fuerzas de Hércules[53], con espadas desenvainadas.
Juan Castrado.	Ea, señor Autor, ¡cuerpo de nosla[54]! ¿Y agora nos quiere llenar la casa de osos y de leones?
Benito.	¡Mirad qué ruiseñores y calandrias nos envía Tontonelo, sino leones y dragones! Señor Autor, o salgan figuras más apacibles, o aquí nos contentamos con las vistas; y Dios le guíe, y no pare más en el pueblo un momento.
Castrada.	Señor Benito Repollo, deje salir ese oso y leones, siquiera por nosotras, y recebiremos mucho contento.
Juan Castrado.	Pues, hija, ¿de antes te espantabas de los ratones, y agora pides osos y leones?
Castrada.	Todo lo nuevo aplace[55], señor padre.
Chirinos.	Esa doncella, que agora se muestra tan galana y tan compuesta, es la llamada Herodías, cuyo baile alcanzó en premio la cabeza del Precursor de la vida[56]. Si hay quien la ayude a bailar, verán maravillas.
Benito.	¡Ésta sí, cuerpo del mundo, que es figura hermosa, apacible y reluciente! ¡Hideputa, y cómo que se vuelve la mochac[h]a! –Sobrino Repollo, tú que sabes de

[51] Se refiere a lo que antes se llamó pomposamente *repostero*.

[52] *rampantes*: con las garras tendidas, en actitud de atacar.

[53] *Hércules*: semidiós hijo de Júpiter, célebre por su fuerza prodigiosa.

[54] *cuerpo de nosla*: juramento equivalente a *cuerpo de Cristo* o *cuerpo de Dios*, que altera el final eufemísticamente.

[55] *aplace*: place, agrada.

[56] Chirinos se equivoca, porque la que bailó ante Herodes y pidió como premio la cabeza de Juan el Bautista no fue Herodías, sino su hija Salomé.

achaque de castañetas, ayúdala, y será la fiesta de cuatro capas[57].

SOBRINO.   Que me place, tío Benito Repollo.

Tocan la zarabanda.

CAPACHO.   ¡Toma mi abuelo, si es antiguo el baile de la zarabanda y de la chacona[58]!

BENITO.   Ea, sobrino, ténselas tiesas[59] a esa bellaca jodía[60]; pero, si ésta es jodía, ¿cómo vee estas maravillas?

CHANFALLA.   Todas las reglas tienen excepción, señor Alcalde.

Suena una trompeta o corneta dentro del teatro, y entra un FURRIER[61] *de compañías.*

FURRIER.   ¿Quién es aquí el señor Gobernador?

GOBERNADOR.   Yo soy. ¿Qué manda vuestra merced?

FURRIER.   Que luego, al punto, mande hacer alojamiento para treinta hombres de armas que llegarán aquí dentro de media hora, y aun antes, que ya suena la trompeta; y adiós.

Vase.

BENITO.   Yo apostaré que los envía el sabio Tontonelo.

CHANFALLA.   No hay tal; que ésta es una compañía de caballos, que estaba alojada dos leguas de aquí.

BENITO.   Ahora yo conozco bien a Tontonelo, y sé que vos y él sois unos grandísimos bellacos, no perdonando al músico; y mirad que os mando que mandéis a Tontonelo no tenga atrevimiento de enviar estos hombres de armas, que le haré dar docientos azotes en las espaldas, que se vean unos a otros.

---

[57] *será la fiesta de cuatro capas*: la fiesta será mejor. La expresión alude a que una fiesta se consideraba más solemne cuanto mayor era el número de clérigos con capa que concelebraban la misa.

[58] *zarabanda y chacona*: bailes muy populares en la época.

[59] *tenérselas tiesas*: mantenerse firme.

[60] *jodía*: judía. Al ser judía no cumplía una de las condiciones necesarias para ver el retablo.

[61] *furrier*: furriel; el encargado de la comida y alojamiento de los soldados de una compañía.

CHANFALLA. Digo, señor Alcalde, que no los envía Tontonelo.

BENITO. Digo que los envía Tontonelo, como ha enviado las otras sabandi[ja]s que yo he visto.

CAPACHO. Todos las habemos visto, señor Benito Repollo.

BENITO. No digo yo que no, señor Pedro Capacho. –No toques más, músico de entre sueños, que te romperé la cabeza.

Vuelve el FURRIER

FURRIER. Ea, ¿está ya hecho el alojamiento?, que ya están los caballos en el pueblo.

BENITO. ¿Qué, todavía ha salido con la suya Tontonelo? ¡Pues yo os voto a tal, Autor de humos y de embelecos, que me lo habéis de pagar!

CHANFALLA. Séanme testigos que me amenaza el Alcalde.

CHIRINOS. Séanme testigos que dice el Alcalde que lo que manda su Majestad lo manda el sabio Tontonelo.

BENITO. Atontoneleada te vean mis ojos, plega[62] a Dios Todopoderoso.

GOBERNADOR. Yo para mí tengo que verdaderamente estos hombres de armas no deben de ser de burlas.

FURRIER. ¿De burlas habían de ser, señor Gobernador? ¿Está en su seso?

JUAN CASTRADO. Bien pudieran ser atontoneleados; como esas cosas habemos visto aquí. Por vida del Autor, que haga salir otra vez a la doncella Herodías, porque vea este señor lo que nunca ha visto; quizá con esto le cohecharemos para que se vaya presto del lugar.

CHANFALLA. Eso en buen hora, y veisla aquí a do[63] vuelve, y hace de señas a su bailador a que de nuevo la ayude.

SOBRINO. Por mí no quedará, por cierto.

BENITO. Eso sí, sobrino; cánsala, cánsala; y vueltas y más vueltas; ¡vive Dios, que es un azogue[64] la muchacha! ¡Al hoyo, al hoyo! ¡A ello, a ello!

---

[62] *plega*: forma de subjuntivo del verbo *placer*; coexiste con *plazca* y *plegue*.
[63] *do*: forma arcaica de 'donde'.
[64] *ser un azogue*: se dice de la persona muy viva en sus movimientos.

Escena de una representación actual de El retablo de las maravillas
(Teatro La Abadía, Madrid 1996).

FURRIER.	¿Está loca esta gente? ¿Qué diablos de doncella es ésta, y qué baile, y qué Tontonelo?
CAPACHO.	Luego ¿no vee la doncella herodiana el señor Furrier?
FURRIER.	¿Qué diablos de doncella tengo de ver?
CAPACHO.	Basta: de *ex illis*[65] es.
GOBERNADOR.	De *ex illis* es, de *ex illis* es.
JUAN CASTRADO.	Dellos es, dellos el señor Furrier; dellos es.
FURRIER.	¡Soy de la mala puta que los parió; y, por Dios vivo, que si echo mano a la espada, que los haga salir por las ventanas, que no por la puerta!
CAPACHO.	Basta: de *ex illis* es.
BENITO.	Basta: dellos es, pues no vee nada.
FURRIER.	Canalla barretina[66]: si otra vez me dicen que soy dellos, no les dejaré hueso sano.

---

[65] *ex illis es*: 'de ellos eres'; son palabras que la criada de Caifás le dice a Pedro, después de las tres negaciones. Aquí se usan para acusar al furrier de ser judío.

[66] *canalla barretina*: el barrete era un gorro que sólo llevaban los campesinos y los judíos.

BENITO.   Nunca los con[fes]os ni bastardos fueron valientes; y por eso no podemos dejar de decir: dellos es, dellos es.

FURRIER.   ¡Cuerpo de Dios con los villanos! ¡Esperad!

Mete mano a la espada, y acuchíllase con todos; y el ALCALDE *aporrea al* RABELLEJO; *y la* CH[IRI]NOS *descuelga la manta y dice*:

CHIRINOS.   El diablo ha sido la trompeta y la ven[i]da de los hombres de armas; parece que los llamaron con campa[ni]lla.

CHANFALLA. El suceso ha sido extraordinario; la virtud del Retablo se queda en su punto[67], y mañana lo podemos mostrar al pueblo; y nosotros mismos podemos cantar el triunfo desta batalla, diciendo: ¡Vivan Chirinos y Chanfalla!

[67] *queda en su punto*: permanece.

LA CUEVA DE SALAMANCA[1]

Salen PANCRACIO, LEONARDA y CRISTINA.

PANCRACIO. Enjugad, señora, esas lágrimas, y poned pausa a vuestros suspiros, considerando que cuatro días de ausencia no son siglos. Yo volveré, a lo más largo, a los cinco, si Dios no me quita la vida; aunque será mejor, por no turbar la vuestra, romper mi palabra y dejar esta jornada[2]; que sin mi presencia se podrá casar mi hermana.

LEONARDA. No quiero yo, mi Pancracio y mi señor, que por respeto mío vos parezcáis descortés; id en hora buena, y cumplid con vuestras obligaciones, pues las que os llevan son precisas: que yo me apretaré con mi llaga[3], y pasaré mi soledad lo menos mal que pudiere. Sólo os encargo la vuelta, y que no paséis del término que habéis puesto. –Tenme, Cristina, que se me aprieta el corazón.

Desmáyase LEONARDA.

CRISTINA. ¡Oh, que bien hayan las bodas y las fiestas! En verdad, señor, que, si yo fuera que vuestra merced, que nunca allá fuera.

PANCRACIO. Entra, hija, por un vidro[4] de agua para echársela en el rostro. Mas espera; diréle unas palabras que sé al oído, que tienen virtud para hacer volver de los desmayos.

---

[1] *La cueva de Salamanca*: según la leyenda era un lugar situado debajo de la iglesia de San Cebrián, en Salamanca, donde el demonio enseñaba sus malas artes a los estudiantes.

[2] *jornada*: viaje.

[3] *llaga*: pena, dolor.

[4] *vidro*: vidrio, vaso.

Dícele las palabras; vuelve LEONARDA *diciendo*:

LEONARDA. Basta; ello ha de ser forzoso; no hay sino tener pacien-
cia, bien mío; cuanto más os detuviéredes, más dilatáis
mi contento. Vuestro compadre L[e]oniso os debe de
aguardar ya en el coche. Andad con Dios; que él os
vuelva tan presto y tan bueno como yo deseo.

PANCRACIO. Mi ángel, si gustas que me quede, no me moveré de
aquí más que una estatua.

LEONARDA. No, no, descanso mío; que mi gusto está en el vuestro;
y, por agora, más que os vais[5], que no os quedéis, pues
es vuestra honra la mía.

CRISTINA. ¡Oh, espejo del matrimonio! A fe que si todas las casa-
das quisiesen tanto a sus maridos como mi señora Leonarda quiere al suyo, que otro gallo les cantase.

LEONARDA. Entra, Cristinica, y saca mi manto, que quiero acompa-
ñar a tu señor hasta dejarle en el coche.

PANCRACIO. No, por mi amor; abrazadme, y quedaos, por vida mía.
–Cristinica, ten cuenta de regalar a tu señora, que yo te
mando[6] un calzado cuando vuelva, como tú le quisieres.

CRISTINA. Vaya, señor, y no lleve pena de mi señora, porque la
pienso persuadir de manera a que nos holguemos, que
no imagine en la falta que vuestra merced le ha de hacer.

LEONARDA. ¿Holgar yo? ¡Qué bien estás en la cuenta, niña! Porque,
ausente de mi gusto, no se hicieron los placeres ni las
glorias para mí; penas y dolores, sí[7].

PANCRACIO. Ya no lo puedo sufrir. Quedad en paz, lumbre destos
ojos, los cuales no verán cosa que les dé placer hasta
volveros a ver.

Éntrase PANCRACIO.

LEONARDA. Allá darás, rayo, en casa de Ana Díaz[8]. Vayas, y no vuel-
vas; la ida del humo[9]. Por Dios, que esta vez no os han
de valer vuestras valentías ni vuestros recatos.

....

[5] *más que os vais*: prefiero que os vayáis.

[6] *regalar*: entretener, deleitar; *mando*: prometo.

[7] Estos versos: *no se hicieron los placeres / ni las glorias para mí; / penas y dolores, sí*, pertenecen a una letrilla muy popular en el siglo XVI.

[8] Frase proverbial que se dice cuando se marcha alguien que estorba.

[9] *la ida del humo*: se dice del que se marcha y no vuelve.

CRISTINA. Mil veces temí que con tus extremos habías de estorbar su partida y nuestros contentos.

LEONARDA. ¿Si vendrán esta noche los que esperamos?

CRISTINA. ¿Pues no? Ya los tengo avisados, y ellos están tan en ello, que esta tarde enviar[o]n con la lavandera, nuestra secretaria, como que eran paños, una canasta de colar, llena de mil regalos y de cosas de comer, que no parece sino uno de los serones que da el Rey el Jueves Santo a sus pobres[10]; sino que la canasta es de Pascua, porque hay en ella empanadas, fiambreras, manjar blanco[11], y dos capones que aún no están acabados de pelar, y todo género de fruta de la que hay ahora; y, sobre todo, una bota de hasta una arroba de vino, de lo de una oreja, que huele que traciende[12].

LEONARDA. Es muy cumplido, y lo fue siempre, mi Reponce, sacristán de las telas de mis entrañas.

CRISTINA. Pues ¿qué le falta a mi maese Nicolás, barbero de mis hígados y navaja de mis pesadumbres, que así me las rapa y quita cuando le veo, como si nunca las hubiera tenido?

LEONARDA. ¿Pusiste la canasta en cobro[13]?

CRISTINA. En la cocina la tengo, cubierta con un cernadero[14], por el disimulo.

Llama a la puerta el estudiante CARRAOLANO, *y, en llamando, sin esperar que le respondan, entra.*

LEONARDA. Cristina, mira quién llama.

ESTUDIANTE. Señoras, yo soy, un pobre estudiante.

CRISTINA. Bien se os parece que sois pobre y estudiante, pues lo uno muestra vuestro vestido, y el ser pobre vuestro atrevimiento. Cosa extraña es ésta, que no hay pobre que espere a que le saquen la limosna a la puerta, sino que se entran en las casas hasta el último rincón, sin mirar si despiertan a quien duerme, o si no.

---

[10] El día de Jueves Santo el rey tenía por costumbre lavar los pies a trece pobres y entregarles unas canastas con comida.

[11] *manjar blanco*: plato exquisito compuesto de pechugas de gallinas cocidas, deshechas y mezcladas con azúcar, leche y harina de arroz.

[12] Se llama *vino de una oreja* al que es muy bueno; si es malo se llama *vino de dos orejas. Huele que traciende*: exhala buen olor.

[13] *poner en cobro*: poner a salvo, en sitio seguro.

[14] *cernadero*: lienzo grueso con el que se cubría la ropa de la colada.

ESTUDIANTE.   Otra más blanda respuesta esperaba yo de la buena gracia de vuestra merced; cuanto más que yo no quería ni buscaba otra limosna, sino alguna caballeriza o pajar donde defenderme esta noche de las inclemencias del cielo, que, según se me trasluce, parece que con grandísimo rigor a la tierra amenazan.

LEONARDA.   ¿Y de dónde bueno sois, amigo?

ESTUDIANTE.   Salmantino soy, señora mía; quiero decir, que soy de Salamanca. Iba a Roma con un tío mío, el cual murió en el camino, en el corazón de Francia. Vi[m]e solo; determiné volverme a mi tierra; robáronme los lacayos o compañeros de Roque Guinarde[15] en Cataluña, porque él estaba ausente; que, a estar allí, no consintiera que se me hiciera agravio, porque es muy cortés y comedido, y además limosnero. Hame tomado a estas santas puertas la noche, que por tales las juzgo, y busco mi remedio.

LEONARDA.   ¡En verdad, Cristina, que me ha movido a lástima el estudiante!

CRISTINA.   Ya me tiene a mí rasgadas las entrañas. Tengámosle en casa esta noche, pues de las sobras del castillo se podrá mantener el real[16]; quiero decir, que en las reliquias de la canasta habrá en quien adore su hambre; y más, que me ayudará a pelar la volatería que viene en la cesta.

LEONARDA.   Pues ¿cómo, Cristina, quieres que metamos en nuestra casa testigos de nuestras liviandades?

CRISTINA.   Así tiene él talle de hablar por el colodrillo, como por la boca[17]. –Venga acá, amigo: ¿sabe pelar?

ESTUDIANTE.   ¿Cómo si sé pelar? No entiendo eso de saber pelar, si no es que quiere vuestra merced motejarme de pelón[18]; que no hay para qué, pues yo me confieso por el mayor pelón del mundo.

CRISTINA.   No lo digo yo por eso, en mi ánima, sino por saber si sabía pelar dos o tres pares de capones.

....

[15] *Roque Guinarde*: célebre bandolero catalán de gran generosidad que también aparece en la segunda parte del *Quijote*.

[16] Expresión proverbial que indica que hay gran abundancia de algo, hasta el punto que sólo con las sobras se puede mantener el *real*, 'sitio donde está acampado el ejército del rey'.

[17] No tiene aspecto (*talle*) de ser hablador.

[18] *pelón*: pelado, pobre.

ESTUDIANTE.	Lo que sabré responder es que yo, señoras, por la gracia de Dios, soy graduado de bachiller por Salamanca, y no digo...
LEONARDA.	De esa manera, ¿quién duda sino que sabrá pelar no sólo capones, sino gansos y avutardas? Y, en esto del guardar secreto, ¿cómo le va? Y, a dicha[19], ¿[es] tentado de decir todo lo que vee, imagina o siente?
ESTUDIANTE.	Así pueden matar delante de mí más hombres que carneros en el rastro[20], que yo despliegue mis labios para decir palabra alguna.
CRISTINA.	Pues atúrese esa boca, y cósase esa lengua con una agujeta de dos cabos, y amuélese esos dientes[21], y éntrese con nosotras, y verá misterios y cenará maravillas, y podrá medir en un pajar los pies[22] que quisiere para su cama.
ESTUDIANTE.	Con siete tendré demasiado: que no soy nada codicioso ni regalado.

Entran el sacristán REPONCE *y* EL BARBERO.

SACRISTÁN.	¡Oh, que en hora buena estén los automedones[23] y guías de los carros de nuestros gustos, las luces de nuestras tinieblas, y las dos recíprocas voluntades que sirven de basas y colunas a la amorosa fábrica de nuestros deseos!
LEONARDA.	¡Esto sólo me enfada de él! Reponce mío, habla, por tu vida, a lo moderno, y de modo que te entienda, y no te encarames donde no te alcance.
BARBERO.	Eso tengo yo bueno, que hablo más llano que una suela de zapato; pan por vino y vino por pan[24], o como suele decirse.

....

[19] *a dicha*: por ventura, por casualidad.

[20] *rastro*: matadero.

[21] *aturar*: cerrar apretadamente; *agujeta de dos cabos*: tira o correa con un herrete de metal en cada punta y que sirve para atar los calzones, el calzado, etc.; *amuélese esos dientes*: afílese los dientes, de *amolar*, 'afilar con la muela'.

[22] *pie*: unidad de medida. La medida usual de una cama eran siete pies, así que tendría en el pajar espacio bastante para dormir.

[23] *automedones*: cultismo por 'cocheros'. Automedón, o Automedonte, sirvió como auriga a Aquiles en la guerra de Troya.

[24] El barbero ha trastocado el refrán «Al pan, pan, y al vino, vino».

SACRISTÁN.	Sí, que diferencia ha de haber de un sacristán gramático a un [barbero] romancista[25].
CRISTINA.	Para lo que yo he menester a mi barbero, tanto latín sabe, y aún más, que supo Antonio de Nebrija[26]; y no se dispute agora de ciencia, ni de modos de hablar: que cada uno habla, si no como debe, a lo menos, como sabe; y entrémonos, y manos a [la] labor, que hay mucho que hacer.
ESTUDIANTE.	Y mucho que pelar.
SACRISTÁN.	¿Quién es este buen hombre?
LEONARDA.	Un pobre estudiante salamanqueso, que pide albergo[27] para esta noche.
SACRISTÁN.	Yo le daré un par de reales para cena y para lecho, y váyase con Dios.
ESTUDIANTE.	Señor sacristán Reponce, recib[o] y agradezc[o] la merced y la limosna; pero yo soy mudo, y pelón además, como lo ha menester esta señora doncella, que me tiene convidado; y voto a ... de no irme esta noche desta casa, si todo el mundo me lo manda. Confíese vuestra merced mucho de enhoramala de un hombre de mis prendas, que se contenta de dormir en un pajar; y si lo han por sus capones, péleselos el Turco y cómanselos ellos, y nunca del cuero les salgan.
BARBERO.	Éste más parece rufián que pobre. Talle tiene de alzarse con toda la casa.
CRISTINA.	No medre yo, si no me contenta el brío. Entrémonos todos, y demos orden en lo que se ha de hacer; que el pobre pelará y callará como en misa.
ESTUDIANTE.	Y aun como en vísperas.
SACRISTÁN.	Puesto me ha [miedo] el pobre estudiante; yo apostaré que sabe más latín que yo.
LEONARDA.	De ahí le deben de nacer los bríos que tiene; pero no te pese, amigo, de hacer caridad, que vale para todas las cosas.

....

[25] *gramático ... romancista*: el sacristán sabe latín y el barbero sólo conoce el español, la lengua romance.

[26] *Antonio de Nebrija*: autor de la *Gramática de la lengua española* (1492), fue un gran latinista.

[27] *albergo*: italianismo por 'albergue'.

Éntranse todos, y sale LEONISO, *compadre de Pancra-cio, y* PANCRACIO.

COMPADRE.　Luego lo vi yo que nos había de faltar la rueda; no hay cochero que no sea temático[28]; si él rodeara un poco y salvara aquel barranco, ya estuviéramos dos leguas de aquí.

PANCRACIO.　A mí no se me da nada; que antes gusto de volverme y pasar esta noche con mi esposa Leonarda, que en la venta; porque la dejé esta tarde casi para expirar, del sentimiento de mi partida.

COMPADRE.　¡Gran mujer! ¡De buena os ha dado el cielo, señor compadre! Dadle gracias por ello.

PANCRACIO.　Yo se las doy como puedo, y no como debo; no hay Lucrecia que se [le] llegue, ni Porcia[29] que se le iguale; la honestidad y el recogimiento han hecho en ella su morada.

COMPADRE.　Si la mía no fuera celosa, no tenía yo más que desear. Por esta calle está más cerca mi casa; tomad, compadre, por éstas, y estaréis presto en la vuestra; y veámonos mañana, que [no] me faltará coche para la jornada. Adiós.

PANCRACIO.　Adiós.

Éntranse los dos.

　　Vuelven a salir el SACRISTÁN *[y] el* BARBERO, *con sus guitarras*; LEONARDA, CRISTINA *y el* ESTUDIANTE. *Sale el* SACRISTÁN *con la sotana alzada y ceñida al cuerpo, danzando al son de su misma guitarra; y, a cada cabriola, vaya diciendo estas palabras:*

SACRISTÁN.　¡Linda noche, lindo rato, linda cena y lindo amor!

CRISTINA.　Señor sacristán Reponce, no es éste tiempo de danzar; dése orden en cenar, y en las demás cosas, y quédense las danzas para mejor coyuntura.

SACRISTÁN.　¡Linda noche, lindo rato, linda cena y lindo amor!

LEONARDA.　Déjale, Cristina; que en extremo gusto de ver su agilidad.

---

[28] *temático*: obstinado, terco.

[29] *Lucrecia... Porcia*: mujeres romanas consideradas prototipo de castidad y fidelidad. *Lucrecia*, esposa de Colatino, se suicidó al ser violada por Tarquino; *Porcia*, mujer de Marco Bruto, se suicidó tras de la muerte de aquél.

Llama Pancracio *a la puerta, y dice*:

PANCRACIO.	Gente dormida, ¿no oís? ¡Cómo! ¿Y tan temprano tenéis atrancada la puerta? Los recatos[30] de mi Leonarda deben de andar por aquí.
LEONARDA.	¡Ay, desdichada! A la voz y a los golpes, mi marido Pancracio es éste; algo le debe de haber sucedido, pues él se vuelve. Señores, a recogerse a la carbonera: digo al desván, donde está el carbón. –Corre, Cristina, y llévalos; que yo entretendré a Pancracio de modo que tengas lugar para todo.
SACRISTÁN.	¡Fea noche, amargo rato, mala cena y peor amor!
CRISTINA.	¡Gentil relente, por cierto! ¡Ea, vengan todos!
PANCRACIO.	¿Qué diablos es esto? ¿Cómo no me abrís, lirones?
ESTUDIANTE.	Es el toque[31], que yo no quiero correr la suerte destos señores. Escóndanse ellos donde quisieren y llévenme a mí al pajar, que, si allí me hallan, antes pareceré pobre que adúltero.
CRISTINA.	Caminen, que se hunde la casa a golpes.
SACRISTÁN.	El alma llevo en los dientes.
BARBERO.	Y yo en los calcañares.

Éntranse todos y asómase LEONARDA *a la ventana.*

LEONARDA.	¿Quién está ahí? ¿Quién llama?
PANCRACIO.	Tu marido soy, Leonarda mía; ábreme, que ha media hora que estoy rompiendo a golpes estas puertas.
LEONARDA.	En la voz, bien me parece a mí que oigo a mi cepo[32] Pancracio; pero la voz de un gallo se parece a la de otro gallo, y no me aseguro.
PANCRACIO.	¡Oh recato inaudito de mujer prudente! Que yo soy, vida mía, tu marido Pancracio; ábreme con toda seguridad.
LEONARDA.	Venga acá, yo lo veré agora. ¿Qué hice yo cuando él se partió esta tarde?
PANCRACIO.	Suspiraste, lloraste, y al cabo te desmayaste.

----

[30] *recatos*: precauciones.

[31] *es el toque*: es el caso.

[32] *cepo*: aquí con el sentido metafórico de 'marido', 'dueño'.

LEONARDA.	Verdad; pero, con todo esto, dígame: ¿qué señales tengo yo en uno de mis hombros?
PANCRACIO.	En el izquierdo tienes un lunar del grandor de medio real, con tres cabellos como tres mil hebras de oro.
LEONARDA.	Verdad; pero ¿cómo se llama la doncella de casa?
PANCRACIO.	¡Ea, boba, no seas enfadosa, Cristinica se llama! ¿Qué más quieres?
[LEONARDA].	¡Cristinica, Cristinica, tu señor es; ábrele, niña!
CRISTINA.	Ya voy, señora; que él sea muy bien venido. –¿Qué es esto, señor de mi alma? ¿Qué acelerada vuelta es ésta?
LEONARDA.	¡Ay, bien mío! Decídnoslo presto, que el temor de algún mal suceso me tiene sin pulsos.
PANCRACIO.	No ha sido otra cosa sino que en un barranco se quebró la rueda del coche, y mi compadre y yo determinamos volvernos, y no pasar la noche en el campo; y mañana buscaremos en qué ir, pues hay tiempo. Pero ¿qué voces hay?

Dentro y, como de muy lejos, diga el ESTUDIANTE:

ESTUDIANTE.	¡Ábranme aquí, señores; que me ahogo!
PANCRACIO.	¿Es en casa o en la calle?
CRISTINA.	Que me maten si no es el pobre estudiante que encerré en el pajar, para que durmiese esta noche.
PANCRACIO.	¿Estudiante encerrado en mi casa, y en mi ausencia? ¡Malo! En verdad, señora, que, si no me tuviera asegurado vuestra mucha bondad, que me causara algún recelo este encerramiento. Pero ve, Cristina, y ábrele; que se le debe haber caído toda la paja a cuestas.
CRISTINA.	Ya voy. *[Vase.]*
LEONARDA.	Señor, que es un pobre salamanqueso, que pidió que le acogiésemos esta noche, por amor de Dios, aunque fuese en el pajar; y, ya sabes mi condición, que no puedo negar nada de lo que se me pide, y encerrámosle; pero veisle aquí, y mirad cuál sale.

Sale el ESTUDIANTE *y* CRISTINA; *él lleno de paja las barbas, cabeza y vestido.*

ESTUDIANTE.	Si yo no tuviera tanto miedo, y fuera menos escrupuloso, yo hubiera excusado el peligro de ahogarme en el

| | pajar, y hubiera cenado mejor, y tenido más blanda y menos peligrosa cama. |

PANCRACIO. Y ¿quién os había de dar, amigo, mejor cena y mejor cama?

ESTUDIANTE. ¿Quién? Mi habilidad, sino que el temor de la justicia me tiene atadas las manos.

PANCRACIO. ¡Peligrosa habilidad debe de ser la vuestra, pues os teméis de la justicia!

ESTUDIANTE. La ciencia que aprendí en la Cueva de Salamanca, de donde soy natural, si se dejara usar sin miedo de la Santa Inquisición, yo sé que cenara y recenara a costa de mis herederos; y aun quizá no estoy muy fuera de usalla, si quiera por esta vez, donde la necesidad me fuerza y me disculpa; pero no sé yo si estas señoras serán tan secretas como yo lo he sido.

PANCRACIO. No se cure[33] dellas, amigo, sino haga lo que quisiere, que yo les haré que callen; y ya deseo en todo extremo ver alguna destas cosas que dicen que se aprenden en la Cueva de Salamanca.

ESTUDIANTE. ¿No se contentará vuestra merced con que le saque de aquí dos demonios en figuras humanas, que traigan a cuestas una canasta llena de cosas fiambres y comederas?

LEONARDA. ¿Demonios en mi casa y en mi presencia? ¡Jesús! Librada sea yo de lo que librarme no sé.

CRISTINA. El mismo diablo tiene el estudiante en el cuerpo: ¡plega[34] a Dios que vaya a buen viento esta parva[35]! Temblándome está el corazón en el pecho.

PANCRACIO. Ahora bien, si ha de ser sin peligro y sin espantos, yo me holgaré de ver esos señores demonios y a la canasta de las fiambreras; y torno a advertir que las figuras no sean espantosas.

ESTUDIANTE. Digo que saldrán en figura del sacristán de la parroquia, y en la de un barbero, su amigo.

CRISTINA. Mas ¿que lo dice por el sacristán Reponce, y por maese Roque, el barbero de casa? ¡Desdichados dellos, que se

---

[33] *se cure*: se preocupe.

[34] *plega*: forma de subjuntivo del verbo *placer*; coexiste con *plazca* y *plegue*.

[35] *a buen viento va la parva*: expresión con la que se indica que un asunto o negocio se resuelve favorablemente.

han de ver convertidos en diablos! –Y dígame, hermano, ¿y éstos han de ser diablos bautizados?

ESTUDIANTE. ¡Gentil novedad! ¿A dónde diablos hay diablos bautizados, o para qué se han de bautizar los diablos? Aunque podrá ser que éstos lo fuesen, porque no hay regla sin excepción; y apártense, y verán maravillas.

LEONARDA. [*Aparte.*] ¡Ay, sin ventura! Aquí se descose; aquí salen nuestras maldades a plaza[36]; aquí soy muerta.

CRISTINA. [*Aparte.*] ¡Ánimo, señora, que buen corazón quebranta mala ventura[37]!

ESTUDIANTE. Vosotros, mezquinos, que en la carbonera
hallastes amparo a vuestra desgracia,
salid, y en los hombros, con priesa y con gracia,
sacad la canasta de la fiambrera.
No me incitéis a que de otra manera
más dura os conjure. Salid: ¿qué esperáis?
Mirad que si a dicha el salir rehusáis,
tendrá mal suceso mi nueva quimera.

Hora bien; yo sé cómo me tengo de haber con estos demonicos humanos; quiero entrar allá dentro, y a solas hacer un conjuro tan fuerte, que los haga salir más que de paso[38]; aunque la calidad destos demonios, más está en sabellos aconsejar, que en conjurallos.

Éntrase el ESTUDIANTE.

PANCRACIO. Yo digo que si éste sale con lo que ha dicho, que será la cosa más nueva y más rara que se haya visto en el mundo.

LEONARDA. Sí saldrá, ¿quién lo duda? Pues ¿habíanos de engañar?

CRISTINA. Ruido anda allá dentro; yo apostaré que los saca; pero vee aquí do vuelve con los demonios y el apatusco[39] de la canasta.

[*Salen el* ESTUDIANTE, EL SACRISTÁN Y EL BARBERO.]

....

[36] *salir* o *sacar a plaza alguna cosa*: darla a conocer, descubrirla.
[37] *buen corazón quebranta mala ventura*: refrán que significa que con esfuerzo y tesón se puede vencer una suerte adversa.
[38] *más que de paso*: de prisa, precipitadamente.
[39] *apatusco*: adorno, conjunto de objetos que adornan la canasta.

LEONARDA.	¡Jesús! ¡Qué parecidos son los de la carga al sacristán Reponce y al barbero de la plazuela!
CRISTINA.	Mirá, señora, que donde hay demonios no se ha de decir Jesús.
SACRISTÁN.	Digan lo que quisieren; que nosotros somos como los perros del herrero, que dormimos al son de las martilladas[40]; ninguna cosa nos espanta ni turba.
LEONARDA.	Lléguense a que yo coma de lo que viene de la canasta; no tomen menos.
ESTUDIANTE.	Yo haré la salva[41] y comenzaré por el vino.

Bebe.

	Bueno es. ¿Es de Esquivias, señor sacridiablo[42]?
SACRISTÁN.	De Esquivias es, juro a...
ESTUDIANTE.	Téngase, por vida suya, y no pase adelante. ¡Amiguito soy yo de diablos juradores! Demonico, demonico, aquí no venimos a hacer pecados mortales, sino a pasar una hora de pasatiempo, y cenar, y irnos con Cristo.
CRISTINA.	¿Y éstos, han de cenar con nosotros?
PANCRACIO.	Sí; que los diablos no comen.
BARBERO.	Sí comen algunos, pero no todos; y nosotros somos de los que comen.
CRISTINA.	¡Ay, señores! Quédense acá los pobres diablos, pues han traído la cena; que sería poca cortesía dejarlos ir muertos de hambre, y parecen diablos muy honrados y muy hombres de bien.
LEONARDA.	Como no nos espanten, y si mi marido gusta, quédense en buen hora.
PANCRACIO.	Queden; que quiero ver lo que nunca he visto.
BARBERO.	Nuestro Señor pague a vuestras mercedes la buena obra, señores míos.
CRISTINA.	¡Ay, qué bien criados, qué corteses! Nunca medre yo, si todos los diablos son como éstos, si no han de ser mis amigos de aquí adelante.

[40] La expresión completa es: *el perro del herrero duerme a las martilladas y despierta a las dentelladas,* y quiere decir 'con despreocupación'.

[41] *haré la salva:* brindaré.

[42] *Esquivias:* villa de la provincia de Toledo, cuyo vino era de muy buena calidad; *sacridiablo:* palabra creada por Cervantes, compuesta de *sacristán* y *diablo.*

SACRISTÁN.   Oigan, pues, para que se enamoren de veras.

Toca el SACRISTÁN, *y canta; y ayúdale el* BARBERO *con el último verso no más.*

SACRISTÁN.   Oigan los que poco saben
lo que con mi lengua franca
digo del bien que en sí tiene

BARBERO.   *la Cueva de Salamanca.*

SACRISTÁN.   Oigan lo que dejó escrito
della el bachiller Tudanca[43]
en el cuero de una yegua
que dicen que fue potranca,
en la parte de la piel
que confina con el anca,
poniendo sobre las nubes

BARBERO.   *la Cueva de Salamanca.*

SACRISTÁN.   En ella estudian los ricos
y los que no tienen blanca,
y sale entera y rolliza
la memoria que está manca.
Siéntanse los que allí enseñan
de alquitrán en una banca,
porque estas bombas encierra

BARBERO.   *la Cueva de Salamanca.*

SACRISTÁN.   En ella se hacen discretos
los moros de la Palanca;
y el estudiante más burdo
ciencias de su pecho arranca.
A los que estudian en ella,
ninguna cosa les manca;
viva, pues, siglos eternos,

BARBERO.   *la Cueva de Salamanca.*

SACRISTÁN.   Y nuestro conjurador,
si es, a dicha, de Loranca,
tenga en ella cien mil vides
de uva tinta y de uva blanca;

---

[43] *Tudanca*, como después *Palanca* y más adelante *Loranca*, no tienen un significado intencional, sino que obedecen a exigencias de la rima con *Salamanca*.

	y al diablo que le acusare,
	que le den con una tranca,
	y para el tal jamás sirva
BARBERO.	*la Cueva de Salamanca.*
CRISTINA.	Basta; ¿que también los diablos son poetas?
BARBERO.	Y aun todos los poetas son diablos.
PANCRACIO.	Dígame, señor mío, pues los diablos lo saben todo, ¿dónde se inventaron todos estos bailes de las *zarabandas, zambapalo* y *Dello me pesa*, con el famoso del nuevo *Escarramán*?[44]
BARBERO.	¿Adónde? En el infierno; allí tuvieron su origen y principio.
PANCRACIO.	Yo así lo creo.
LEONARDA.	Pues, en verdad, que tengo yo mis puntas y collar[45] escarramanesco; sino que por mi honestidad, y por guardar el decoro a quien soy, no me atrevo a bailarle.
SACRISTÁN.	Con cuatro mudanzas que yo le enseñase a vuestra merced cada día, en una semana saldría única en el baile; que sé que le falta bien poco.
ESTUDIANTE.	Todo se andará; por agora, entrémonos a cenar, que es lo que importa.
PANCRACIO.	Entremos; que quiero averiguar si los diablos comen o no, con otras cien mil cosas que dellos cuentan; y, por Dios, que no han de salir de mi casa hasta que me dejen enseñado en la ciencia y ciencias que se enseñan en la Cueva de Salamanca.

----

[44] Nombres de bailes muy conocidos en la época.

[45] *tengo mis puntas y collar*: ver *El retablo de las maravillas*, nota 26.

EL VIEJO CELOSO

Salen doña LORENZA, *y* CRISTINA, *su criada, y* ORTIGOSA, *su vecina.*

LORENZA. Milagro ha sido éste, señora Ortigosa, el no haber dado la vuelta a la llave mi duelo, mi yugo y mi desesperación[1]; éste es el primero día, después que me casé con él, que hablo con persona de fuera de casa; que fuera le vea yo desta vida a él y a quien con él me casó.

ORTIGOSA. Ande, mi señora doña Lorenza, no se queje tanto; que con una caldera vieja se compra otra nueva.

LORENZA. Y aun con esos y otros semejantes villancicos o refranes me engañaron a mí; que malditos sean sus dineros, fuera de las cruces[2]; malditas sus joyas, malditas sus galas, y maldito todo cuanto me da y promete. ¿De qué me sirve a mí todo aquesto, si en mitad de la riqueza estoy pobre, y en medio de la abundancia, con hambre?

CRISTINA. En verdad, señora tía, que tienes razón; que más quisiera yo andar con un trapo atrás y otro adelante, y tener un marido mozo, que verme casada y enlodada con ese viejo podrido que tomaste por esposo.

LORENZA. ¿Yo le tomé, sobrina? A la fe, diómele quien pudo; y yo, como muchacha, fui más presta al obedecer que al contradecir; pero, si yo tuviera tanta experiencia destas cosas, antes me tarazara la lengua con los dientes que pronunciar aquel sí, que se pronuncia con dos letras y da que llorar dos mil años; pero yo imagino que no fue otra

---

[1] Se refiere al marido.

[2] *fuera de las cruces*: excepto las cruces que llevan grabadas las monedas.

cosa sino que había de ser ésta, y que, las que han de suceder forzosamente, no hay prevención ni diligencia humana que las prevenga.

CRISTINA.

¡Jesús, y del mal viejo! Toda la noche: «Daca el orinal, toma el orinal; levántate, Cristinica, y caliéntame unos paños, que me muero de la ijada; dame aquellos juncos, que me fatiga la piedra[3]». Con más ungüentos y medicinas en el aposento que si fuera una botica; y yo, que apenas sé vestirme, tengo de servirle de enfermera. ¡Pux, pux, pux, viejo clueco, tan potroso como celoso, y el más celoso del mundo!

LORENZA.

Dice la verdad mi sobrina.

CRISTINA.

¡Pluguiera a Dios que nunca yo la dijera en esto!

ORTIGOSA.

Ahora bien, señora doña Lorenza; vuestra merced haga lo que le tengo aconsejado, y verá cómo se halla muy bien con mi consejo. El mozo es como un ginjo verde[4]; quiere bien, sabe callar y agradecer lo que por él se hace; y pues los celos y el recato del viejo no nos dan lugar a demandas ni a respuestas, resolución y buen ánimo: que, por la orden que hemos dado, yo le pondré al galán en su aposento de vuestra merced y le sacaré, si bien tuviese el viejo más ojos que Argos[5], y viese más que un zahorí, que dicen que vee siete estados debajo de la tierra[6].

LORENZA.

Como soy primeriza, estoy temerosa, y no querría, a trueco del gusto, poner a riesgo la honra.

CRISTINA.

Eso me parece, señora tía, a lo del cantar de Gómez Arias[7]:

Señor Gómez Arias,
doleos de mí;
soy niña y muchacha,
nunca en tal me vi.

---

[3] Se empleaba la simiente de los *juncos* para provocar la orina; la *piedra* es la que se forma en los riñones.

[4] *ginjo verde*: ver *El rufián viudo*, nota 19.

[5] *Argos*: personaje mitológico que tenía cien ojos.

[6] Los *zahoríes* son los que supuestamente tienen la facultad de descubrir lo que está oculto bajo tierra; *estado*: medida que equivale a la estatura de un hombre.

[7] Cantarcillo popular que reproduce las quejas de una doncella burlada por Gómez Arias. La referencia es burlesca.

LORENZA. Algún espíritu malo debe de hablar en ti, sobrina, según las cosas que dices.

CRISTINA. Yo no sé quién habla; pero yo sé que haría todo aquello que la señora Ortigosa ha dicho, sin faltar punto.

LORENZA. ¿Y la honra, sobrina?

CRISTINA. ¿Y el holgarnos, tía?

LORENZA. ¿Y si se sabe?

CRISTINA. ¿Y si no se sabe?

LORENZA. Y ¿quién me asegurará a mí que no se sepa?

ORTIGOSA. ¿Quién? La buena diligencia, la sagacidad, la industria[8]; y, sobre todo, el buen ánimo y mis trazas.

CRISTINA. Mire, señora Ortigosa, tráyanosle galán, limpio, desenvuelto, un poco atrevido, y, sobre todo, mozo.

ORTIGOSA. Todas esas partes tiene el que he propuesto, y otras dos más, que es rico y liberal.

LORENZA. Que no quiero riquezas, señora Ortigosa; que me sobran las joyas, y me ponen en confusión las diferencias de colores de mis muchos vestidos; hasta eso no tengo que desear, que Dios le dé salud a Cañizares; más vestida me tiene que un palmito[9], y con más joyas que la vedriera[10] de un platero rico. No me clavara él las ventanas, cerrara las puertas, visitara a todas horas la casa, desterrara della los gatos y los perros, solamente porque tienen nombre de varón; que, a trueco de que no hiciera esto y otras cosas no vistas en materia de recato, yo le perdonara sus dádivas y mercedes.

ORTIGOSA. ¿Que tan celoso es?

LORENZA. ¡Digo! Que le vendían el otro día una tapicería a bonísimo precio, y por ser de figuras[11] no la quiso, y compró otra de verduras[12], por mayor precio, aunque no era tan buena. Siete puertas hay antes que se llegue a mi aposento, fuera de la puerta de la calle, y todas se cierran con llave; y las llaves no me ha sido posible averiguar dónde las esconde de noche.

---

[8] *industria*: ingenio.

[9] *más vestida que un palmito*: muy bien vestida.

[10] *la vedriera*: la vidriera, el escaparate.

[11] *de figuras*: que representa alguna historia con figuras humanas.

[12] *de verduras*: con paisajes.

CRISTINA.   Tía, la llave de loba[13] creo que se la pone entre las faldas de la camisa.

LORENZA.   No lo creas, sobrina; que yo duermo con él, y jamás le he visto ni sentido que tenga llave alguna.

CRISTINA.   Y más, que toda la noche anda como trasgo[14] por toda la casa; y si acaso dan alguna música en la calle, les tira de pedradas porque se vayan: es un malo, es un brujo, es un viejo, que no tengo más que decir.

LORENZA.   Señora Ortigosa, váyase, no venga el gruñidor y la halle conmigo, que sería echarlo a perder todo; y lo que ha de hacer, hágalo luego; que estoy tan aburrida, que no me falta sino echarme una soga al cuello, por salir de tan mala vida.

ORTIGOSA.   Quizá con ésta que ahora se comenzará, se le quitará toda esa mala gana y le vendrá otra más saludable y que más la contente.

CRISTINA.   Así suceda, aunque me costase a mí un dedo de la mano: que quiero mucho a mi señora tía, y me muero de verla tan pensativa y angustiada en poder deste viejo y reviejo, y más que viejo; y no me puedo hartar de decille viejo.

LORENZA.   Pues en verdad que te quiere bien, Cristina.

CRISTINA.   ¿Deja por eso de ser viejo? Cuanto más, que yo he oído decir que siempre los viejos son amigos de niñas.

ORTIGOSA.   Así es la verdad, Cristina, y adiós, que, en acabando de comer, doy la vuelta. Vuestra merced esté muy en lo que dejamos concertado, y verá cómo salimos y entramos bien en ello.

CRISTINA.   Señora Ortigosa, hágame merced de traerme a mí un frailecico pequeñito[15], con quien yo me huelgue.

ORTIGOSA.   Yo se lo traeré a la niña pintado.

CRISTINA.   ¡Que no le quiero pintado, sino vivo, vivo, chiquito, como unas perlas!

LORENZA.   ¿Y si lo vee tío?

CRISTINA.   Diréle yo que es un duende, y tendrá dél miedo, y holgaréme yo.

---

[13] *llave de loba*: llave maestra.

[14] *trasgo*: fantasma.

[15] Era costumbre vestir a los niños, por devoción, de frailes.

ORTIGOSA.   Digo que yo le trairé, y adiós.

Vase ORTIGOSA.

CRISTINA.   Mire, tía: si Ortigosa trae al galán y a mi frailecico, y si
               señor los viere, no tenemos más que hacer, sino cogerle
               entre todos y ahogarle, y echarle en el pozo o enterrarle
               en la caballeriza.

LORENZA.   Tal eres tú, que creo lo harías mejor que lo dices.

CRISTINA.   Pues no sea el viejo celoso, y déjenos vivir en paz, pues
               no le hacemos mal alguno, y vivimos como unas santas.

Éntranse.

Entran CAÑIZARES, *viejo, y un* COMPADRE *suyo.*

CAÑIZARES.   Señor compadre, señor compadre: el setentón que se
               casa con quince, o carece de entendimiento, o tiene ga-
               na de visitar el otro mundo lo más presto que le sea po-
               sible. Apenas me casé con doña Lorencica, pensando
               tener en ella compañía y regalo, y persona que se halla-
               se en mi cabecera, y me cerrase los ojos al tiempo de mi
               muerte, cuando me embistieron una turba multa de tra-
               bajos y desasosiegos; tenía casa, y busqué casar; estaba
               posado, y deposéme.

COMPADRE.   Compadre, error fue, pero no muy grande; porque,
               según el dicho del Apóstol, mejor es casarse que abra-
               sarse[16].

CAÑIZARES.   ¡Que no había qué abrasar en mí, señor compadre, que
               con la menor llamarada quedara hecho ceniza! Compa-
               ñía quise, compañía busqué, compañía hallé; pero Dios
               lo remedie, por quien él es.

COMPADRE.   ¿Tienes celos, señor compadre?

CAÑIZARES.   Del sol que mira a Lorencita, del aire que le toca, de las
               faldas que la vapulean.

COMPADRE.   ¿Dale ocasión?

CAÑIZARES.   Ni por pienso, ni tiene por qué, ni cómo, ni cuándo, ni
               adónde: las ventanas, amén de estar con llave, las guar-
               necen rejas y celosías; las puertas, jamás se abren: ve-
               cina no atraviesa mis umbrales, ni los atravesará mien-

---

[16] Expresión tomada de San Pablo (1 *Corintios*, 7,10).

tras Dios me diere vida. Mirad, compadre: no les vienen los males aires a las mujeres de ir a los jubileos ni a las procesiones, ni a todos los actos de regocijos públicos; donde ellas se mancan, donde ellas se estropean, y adonde ellas se dañan, es en casa de las vecinas y de las amigas; más maldades encubre una mala amiga, que la capa de la noche; más conciertos se hacen en su casa y más se concluyen, que en una semblea[17].

COMPADRE.   Yo así lo creo; pero, si la señora doña Lorenza no sale de casa, ni nadie entra en la suya, ¿de qué vive descontento mi compadre?

CAÑIZARES.   De que no pasará mucho tiempo en que no caya[18] Lorencica en lo que le falta; que será un mal caso, y tan malo, que en sólo pensallo le temo, y de temerle me desespero, y de desesperarme vivo con disgusto.

COMPADRE.   Y con razón se puede tener ese temor; porque las mujeres querrían gozar enteros los frutos del matrimonio.

CAÑIZARES.   La mía los goza doblados[19].

COMPADRE.   Ahí está el daño, señor compadre.

CAÑIZARES.   No, no, ni por pienso; porque es más simple Lorencica que una paloma, y hasta agora no entiende nada desas filaterías[20]; y adiós, señor compadre, que me quiero entrar en casa.

COMPADRE.   Yo quiero entrar allá, y ver a mi señora doña Lorenza.

CAÑIZARES.   Habéis de saber, compadre, que los antiguos latinos usaban de un refrán, que decía: *Amicus usque ad aras,* que quiere decir: «El amigo, hasta el altar»; infiriendo que el amigo ha de hacer por su amigo todo aquello que no fuera contra Dios; y yo digo que mi amigo, *usque ad portam,* hasta la puerta; que ninguno ha de pasar mis quicios; y adiós, señor compadre, y perdóneme.

Éntrase CAÑIZARES.

COMPADRE.   En mi vida he visto hombre más recatado, ni más celoso, ni más impertinente; pero éste es de aquellos que

---

[17] *semblea*: vulgarismo por 'asamblea'.

[18] *caya*: arcaísmo por 'caiga'.

[19] *doblados*: en este caso con la intención de 'disminuidos'.

[20] *filaterías*: conceptos complejos, palabrerías.

traen la soga arrastrando[21], y de los que siempre vienen a morir del mal que temen.

Éntrase el COMPADRE.

Salen doña LORENZA *y* CRISTINA.

CRISTINA.	Tía, mucho tarda tío, y más tarda Ortigosa.
LORENZA.	Mas que nunca él acá viniese, ni ella tampoco, porque él me enfada, y ella me tiene confusa.
CRISTINA.	Todo es probar, señora tía; y, cuando no saliere bien, darle del codo[22].
LORENZA.	¡Ay, sobrina!, que estas cosas, o yo sé poco, o sé que todo el daño está en probarlas.
CRISTINA.	A fe, señora tía, que tiene poco ánimo, y que, si yo fuera de su edad, que no me espantaran hombres armados.
LORENZA.	Otra vez torno a decir, y diré cien mil veces, que Satanás habla en tu boca; mas ¡ay! ¿cómo se ha entrado, señor?
CRISTINA.	Debe de haber abierto con la llave maestra.
LORENZA.	Encomiendo yo al diablo sus maestrías y sus llaves.

Entra CAÑIZARES.

CAÑIZARES.	¿Con quién hablábades, doña Lorenza?
LORENZA.	Con Cristinica hablaba.
CAÑIZARES.	Miradlo bien, doña Lorenza.
LORENZA.	Digo que hablaba con Cristinica: ¿con quién había de hablar? ¿Tengo yo, por ventura, con quién?
CAÑIZARES.	No querría que tuviésedes algún soliloquio con vos misma, que redundase en mi perjuicio.
LORENZA.	Ni entiendo esos circunloquios que decís, ni aun los quiero entender; y tengamos la fiesta en paz.
CAÑIZARES.	Ni aun las vísperas no querría yo tener en guerra con vos; pero ¿quién llama a aquella puerta con tanta priesa? Mira, Cristinica, quién es, y, si es pobre, dale limosna y despídele.

---

[21] *traer la soga arrastrando*: llevar consigo el instrumento de su propia destrucción.

[22] *darle del codo*: rechazarlo.

CRISTINA.	¿Quién está ahí?
ORTIGOSA.	La vecina Ortigosa es, señora Cristina.
CAÑIZARES.	¿Ortigosa y vecina? Dios sea conmigo. Pregúntale, Cristina, lo que quiere, y dáselo, con condición que no atraviese esos umbrales.
CRISTINA.	¿Y qué quiere, señora vecina?
CAÑIZARES.	El nombre de vecina me turba y sobresalta: llámala por su propio nombre, Cristina.
CRISTINA.	Responda: ¿y qué quiere, señora Ortigosa?
ORTIGOSA.	Al señor Cañizares quiero suplicar un poco, en que me va la honra, la vida y el alma.
CAÑIZARES.	Decidle, sobrina, a esa señora, que a mí me va todo eso y más en que no entre acá dentro.
LORENZA.	¡Jesús, y qué condición tan extravagante! ¿Aquí no estoy delante de vos? ¿Hanme de comer de ojo? ¿Hanme de llevar por los aires?
CAÑIZARES.	Entre con cien mil Bercebuyes[23], pues vos lo queréis.
CRISTINA.	Entre, señora vecina.
CAÑIZARES.	¡Nombre fatal para mí es el de vecina!

Entra ORTIGOSA, *y tray un guadamecí*[24], *y en las pieles de las cuatro esquinas han de venir pintados Rodamonte, Mandricardo, Rugero y Gradaso*[25]: *y Rodamonte venga pintado como arrebozado.*

ORTIGOSA.	Señor mío de mi alma, movida y incitada de la buena fama de vuestra merced, de su gran caridad y de sus muchas limosnas, me he atrevido de venir a suplicar a vuestra merced me haga tanta merced, caridad y limosna y buena obra de comprarme este guadamecí, porque tengo un hijo preso por unas heridas que dio a un tundidor, y ha mandado la Justicia que declare el cirujano, y no tengo con qué pagalle, y corre peligro no le echen otros embargos, que podrían ser muchos, a causa que es muy travieso mi hijo; y querría echarle hoy o mañana, si fuese posible, de la cárcel. La obra es buena, el

---

[23] *Bercebuyes*: plural de Bercebú, Belcebú.

[24] *guadamecí*: cuero adornado con dibujos pintados o en relieve.

[25] Personajes del poema *Orlando furioso* de Ludovico Ariosto (1474-1533), muy conocido en la época.

guadamecí nuevo y, con todo eso, le daré por lo que vuestra merced quisiere darme por él, que en más está la monta, y como esas cosas he perdido yo en esta vida. Tenga vuestra merced desa punta, señora mía, y descojámosle[26], porque no vea el señor Cañizares que hay engaño en mis palabras; alce más, señora mía, y mire cómo es bueno de caída, y las pinturas de los cuadros parece que están vivas.

Al alzar y mostrar el guadamecí, entra por detrás dél un GALÁN; *y, como* CAÑIZARES *ve los retratos, dice:*

CAÑIZARES. ¡Oh, qué lindo Rodamonte! ¿Y qué quiere el señor rebozadito en mi casa? Aun si supiese que tan amigo soy yo destas cosas y destos rebocitos, espantarse ía[27].

CRISTINA. Señor tío, yo no sé nada de rebozados; y si él ha entrado en casa, la señora Ortigosa tiene la culpa; que a mí el diablo me lleve si dije ni hice nada para que él entrase; no, en mi conciencia, aun el diablo sería si mi señor tío me echase a mí la culpa de su entrada.

CAÑIZARES. Ya yo lo veo, sobrina, que la señora Ortigosa tiene la culpa; pero no hay de qué maravillarme, porque ella no sabe mi condición, ni cuán enemigo soy de aquestas pinturas.

LORENZA. Por las pinturas lo dice, Cristinica, y no por otra cosa.

CRISTINA. Pues por esas digo yo. ¡Ay, Dios sea conmigo! Vuelto se me ha el ánima al cuerpo, que ya andaba por los aires.

LORENZA. Quemado vea yo ese pico de once varas: en fin, quien con muchachos se acuesta, etc.

CRISTINA. ¡Ay, desgraciada, y en qué peligro pudiera haber puesto toda esta baraja!

CAÑIZARES. Señora Ortigosa, yo no soy amigo de figuras rebozadas ni por rebozar; tome este doblón, con el cual podrá remediar su necesidad, y váyase de mi casa lo más presto que pudiere, y ha de ser luego, y llévese su guadamecí.

ORTIGOSA. Viva vuestra merced más años que Matute el de Jerusalén[28], en vida de mi señora doña... no sé cómo se llama, a quien suplico me mande, que la serviré de noche y de día, con la vida y con el alma, que la debe de tener ella como la de una tortolica simple.

----

[26] *descojámosle*: desencojámosle, estirémosle.

[27] *espantarse ía*: forma arcaica del condicional 'se espantaría'.

[28] Alusión a Matusalén, de quien dice el *Génesis* que vivió 969 años. Ortigosa deforma el nombre cómicamente.

CAÑIZARES.   Señora Ortigosa, abrevie y váyase, y no se esté agora juzgando almas ajenas.

ORTIGOSA.   Si vuestra merced hubiere menester algún pegadillo para la madre[29], téngolos milagrosos, y si para mal de muelas, sé unas palabras[30] que quitan el dolor como con la mano.

CAÑIZARES.   Abrevie, señora Ortigosa; que doña Lorenza, ni tiene madre, ni dolor de muelas; que todas las tiene sanas y enteras, que en su vida se ha sacado muela alguna.

ORTIGOSA.   Ella se las sacará, placiendo al cielo, porque le dará muchos años de vida; y la vejez es la total destruición de la dentadura.

CAÑIZARES.   ¡Aquí de Dios! ¿Que no será posible que me deje esta vecina? ¡Ortigosa, o diablo, o vecina, o lo que eres, vete con Dios y déjame en mi casa!

ORTIGOSA.   Justa es la demanda, y vuestra merced no se enoje, que ya me voy.

Vase ORTIGOSA.

CAÑIZARES.   ¡Oh, vecinas, vecinas! Escaldado quedo aun de las buenas palabras desta vecina, por haber salido por boca de vecina.

LORENZA.   Digo que tenéis condición de bárbaro y de salvaje; y ¿qué ha dicho esta vecina para que quedéis con la ojeriza contra ella? Todas vuestras buenas obras las hacéis en pecado mortal: dístesle dos docenas de reales, acompañados con otras dos docenas de injurias, boca de lobo, lengua de escorpión y silo de malicias.

CAÑIZARES.   No, no, a mal viento va esta parva[31]; no me parece bien que volváis tanto por[32] vuestra vecina.

CRISTINA.   Señora tía, éntrese allá dentro y desenójese, y deje a tío, que parece que está enojado.

---

[29] *pegadillo para la madre*: parche para la matriz. Un poco más adelante se juega con el doble sentido de la palabra *madre*.

[30] *unas palabras*: se refiere a una oración o un ensalmo.

[31] *a mal viento va esta parva*: esto va a acabar mal. Ver *La cueva de Salamanca*, nota 35.

[32] *volver por*: defender.

LORENZA.	Así lo haré, sobrina; y aun quizá no me verá la cara en estas dos horas; y a fe que yo se la dé a beber[33], por más que la rehúse.

Éntrase doña LORENZA.

CRISTINA.	Tío, ¿no ve cómo ha cerrado de golpe? Y creo que va a buscar una tranca para asegurar la puerta.

Doña LORENZA, *por dentro:*

LORENZA.	¿Cristinica? ¿Cristinica?
CRISTINA.	¿Qué quiere, tía?
LORENZA.	¡Si supieses qué galán me ha deparado la buena suerte! Mozo, bien dispuesto, pelinegro y que le huele la boca a mil azahares.
CRISTINA.	¡Jesús, y qué locuras y qué niñerías! ¿Está loca, tía?
LORENZA.	No estoy sino en todo mi juicio; y en verdad que, si le vieses, que se te alegrase el alma.
CRISTINA.	¡Jesús, y qué locuras y qué niñerías! Ríñala, tío, porque no se atreva, ni aun burlando, a decir deshonestidades.
CAÑIZARES.	¿Bobeas, Lorenza? Pues a fe que no estoy yo de gracia para sufrir esas burlas.
LORENZA.	Que no son sino veras, y tan veras, que en este género no pueden ser mayores.
CRISTINA.	¡Jesús y qué locuras y qué niñerías! Y dígame, tía, ¿está ahí también mi frailecito?
LORENZA.	No, sobrina; pero otra vez vendrá, si quiere Ortigosa la vecina.
CAÑIZARES.	Lorenza, di lo que quisieres, pero no tomes en tu boca el nombre de vecina, que me tiemblan las carnes en oírle.
LORENZA.	También me tiemblan a mí por amor de la vecina.
CRISTINA.	¡Jesús, y qué locuras y qué niñerías!
LORENZA.	Ahora echo de ver quién eres, viejo maldito, que hasta aquí he vivido engañada contigo.
CRISTINA.	Ríñala, tío, ríñala, tío; que se desvergüenza mucho.

....

[33] *yo se la dé a beber:* se la haré tragar, me vengaré.

LORENZA.   Lavar quiero a un galán las pocas barbas que tiene con una bacía llena de agua de ángeles[34], porque su cara es como la de un ángel pintado.

CRISTINA.   ¡Jesús, y qué locuras y qué niñerías! Despedácela, tío.

CAÑIZARES.   No la despedazaré yo a ella, sino a la puerta que la encubre.

LORENZA.   No hay para qué, vela aquí abierta; entre, y verá como es verdad cuanto le he dicho.

CAÑIZARES.   Aunque sé que te burlas, sí entraré para desenojarte.

Al entrar CAÑIZARES, *danle con una bacía[35] de agua en los ojos; él vase a limpiar; acuden sobre él* CRISTINA *y doña* LORENZA, *y en este ínterin sale el galán y vase.*

CAÑIZARES.   ¡Por Dios, que por poco me cegaras, Lorenza! Al diablo se dan las burlas que se arremeten a los ojos.

LORENZA.   ¡Mirad con quién me casó mi suerte, sino con el hombre más malicioso del mundo! ¡Mirad cómo dio crédito a mis mentiras, por su..., fundadas en materia de celos, que menoscabada y asendereada sea mi ventura! Pagad vosotros, cabellos, las deudas deste viejo; llorad vosotros, ojos, las culpas deste maldito: mirad en lo que tiene mi honra y mi crédito, pues de las sospechas hace certezas, de las mentiras verdades, de las burlas veras y de los entretenimientos maldiciones. ¡Ay, que se me arranca el alma!

CRISTINA.   Tía, no dé tantas voces, que se juntará la vecindad.

ALGUACIL.   *(De dentro)* ¡Abran esas puertas! Abran luego; si no, echarélas en el suelo.

LORENZA.   Abre, Cristinica, y sepa todo el mundo mi inocencia y la maldad deste viejo.

CAÑIZARES.   ¡Vive Dios, que creí que te burlabas, Lorenza! Calla.

Entran el ALGUACIL *y los* MÚSICOS *y el* BAILARÍN *y* ORTIGOSA.

ALGUACIL.   ¿Qué es esto? ¿Qué pendencia es ésta? ¿Quién daba aquí voces?

CAÑIZARES.   Señor, no es nada; pendencias son entre marido y mujer, que luego se pasan.

---

[34] *agua de ángeles*: agua destilada de flores, de suave olor.
[35] *bacía*: vasija.

MÚSICOS.   ¡Por Dios, que estábamos mis compañeros y yo, que somos músicos, aquí pared y medio[36], en un desposorio, y a las voces hemos acudido, con no pequeño sobresalto, pensando que era otra cosa!

ORTIGOSA.   Y yo también, en mi ánima pecadora.

CAÑIZARES. Pues en verdad, señora Ortigosa, que si no fuera por ella, que no hubiera sucedido nada de lo sucedido.

ORTIGOSA.   Mis pecados lo habrán hecho; que soy tan desdichada, que, sin saber por dónde ni por dónde no, se me echan a mí las culpas que otros cometen.

CAÑIZARES. Señores, vuestras mercedes todos se vuelvan norabuena, que yo les agradezco su buen deseo; que ya yo y mi esposa quedamos en paz.

LORENZA.   Sí quedaré, como le pida primero perdón a la vecina, si alguna cosa mala pensó contra ella.

CAÑIZARES. Si a todas las vecinas de quien yo pienso mal hubiese de pedir perdón, sería nunca acabar; pero, con todo eso, yo se le pido a la señora Ortigosa.

ORTIGOSA.   Y yo le otorgo para aquí y para delante de Pero García[37].

MÚSICOS.   Pues, en verdad, que no debemos de haber venido en balde: toquen mis compañeros, y baile el bailarín, y regocíjense las paces con esta canción.

CAÑIZARES. Señores, no quiero música: yo la doy por recebida.

MÚSICOS.   Pues aunque no la quiera.

[Cantan]

El agua de por san Juan
quita vino y no da pan.
Las riñas de por San Juan,
todo el año paz nos dan.[38]
Llover el trigo en las eras,
las viñas estando en cierne,
no hay labrador que gobierne
bien sus cubas y paneras;
mas las riñas más de veras,

....
[36] *pared y medio*: muy cerca.
[37] Alusión a un personaje folclórico que decía verdades de a puño.
[38] Ver nota 40 de *El juez de los divorcios*.

si suceden por San Juan,
todo el año paz nos dan.

Baila.

Por la canícula ardiente
está la cólera a punto;
pero, pasando aquel punto,
menos activa se siente.
Y así, el que dice, no miente,
que las riñas por San Juan,
todo el año paz nos dan.

Baila.

Las riñas de los casados
como aquesta siempre sean,
para que después se vean,
sin pensar, regocijados.
Sol que sale tras nublados,
es contento tras afán:
las riñas de por San Juan,
todo el año paz nos dan.

CAÑIZARES. Porque vean vuesas mercedes las revueltas y vueltas en que me ha puesto una vecina, y si tengo razón de estar mal con las vecinas.

LORENZA. Aunque mi esposo está mal con las vecinas, yo beso a vuesas mercedes las manos, señoras vecinas.

CRISTINA. Y yo también; mas si mi vecina me hubiera traído mi frailecico, yo la tuviera por mejor vecina; y adiós, señoras vecinas.

Estudio de los

ENTREMESES

Sociedad y cultura
de la época

Contexto histórico y social

Nace Miguel de Cervantes en 1547 en los últimos años de la España imperial de Carlos I y sus grandes empresas, continuadas durante el reinado de Felipe II (1556-1598). Verá, a lo largo de su vida, transformarse unos pilares que parecían tan sólidos y conocerá la crisis social y económica que se produce en los años del reinado de Felipe III (1598-1621) y que se agrava en el de sus sucesores.

La política imperial de Carlos V, heredero de los imperios de sus abuelos Isabel y Fernando, por una parte, y Maximiliano, por otra, se vio comprometida por las guerras contra Francia, a cuyo monarca Francisco I venció en la batalla de Pavía, incorporando así el ducado de Milán. La hegemonía del imperio español despertó recelos en las cortes europeas, que establecieron alianzas para combatir el poderío hispánico. El emperador realizó entonces una operación política: el matrimonio del príncipe Felipe con María Tudor, reina de Inglaterra. Otros frentes contra los que tuvo que luchar fueron los protestantes alemanes y los Estados musulmanes. Cansado, abdicó y se retiró al monasterio de Yuste.

La política dinástica de Carlos I sufrió una dura prueba cuando trató de ordenar su sucesión en el Imperio: los Países Bajos, unidos a los reinos de España, serían gobernados por su hijo Felipe; las tierras hereditarias austriacas, por su hermano el emperador Fernando I y sus sucesores, separando así la dignidad imperial de la realidad del imperio español.

Felipe II pudo gobernar los territorios italianos sin la oposición de Francia gracias a la paz de Cateau-Cambrésis (1559). Durante su reinado obtuvo las victorias de San Quintín contra los franceses y de Lepanto contra los turcos y dominó la sublevación de los moriscos y el alzamiento de Aragón, promovido por su secretario Antonio Pérez.

Tras la muerte del rey don Sebastián en la batalla de Alcazarquivir, consiguió la unidad peninsular con la anexión de Portugal (1580). Y, por lo que respecta al Nuevo Mundo, la fase de conquista ya había sido sustituida por la colonización; a Sevilla llegaban las naves cargadas de plata procedente de las minas de México y Perú.

En los últimos años de su reinado comenzaron a ser perceptibles algunas señales de la progresiva decadencia que llevaría al desmoronamiento del imperio español: la abierta rebelión de los Países Bajos y la derrota de la Armada Invencible contra los ingleses (1588), entre otras. El esfuerzo bélico agravó las dificultades de la economía castellana. Los impuestos se sucedieron y a la muerte del rey, el desencanto era general.

El reinado de Felipe III (1598-1621) coincide con una época de crisis económica, que fue general en todos los países europeos, pero que en la península Ibérica resultó especialmente dura, entre otras cosas, por el tremendo descenso de la población a causa de las guerras, las epidemias de peste y la expulsión de los moriscos. Las graves dificultades económicas hubieran requerido una política de austeridad que ni Felipe III ni su valido el duque de Lerma fueron capaces de llevar a cabo.

Grabado que representa a los moriscos suplicando al rey Felipe III que derogase el decreto de expulsión de 1609.

La sociedad española se encontraba estrictamente jerarquizada. La nobleza ocupaba indiscutiblemente el primer lugar, aunque no todos los nobles disfrutaban del mismo prestigio. En la base de la pirámide se encontraban los hidalgos, muy orgullosos de su casta pero muy pobres; les seguían los caballeros –miembros de órdenes militares o señores de vasallos– y en la cúspide se hallaban los grandes y títulos de la nobleza. La Iglesia, por su parte, gozaba de extraordinario poder y riqueza.

La burguesía ambicionaba ennoblecerse mediante la compra de títulos de nobleza. Los campesinos y artesanos, que vivían de un trabajo manual, no podían aspirar a la hidalguía y, por consiguiente, carecían de honra, es decir, no tenían derecho al respeto a su honor y éste era precisamente uno de los valores más sobrestimados en la época. La obsesión por la limpieza de sangre –no contar con judíos o musulmanes entre sus antepasados– estuvo enraizada en toda la sociedad española.

Durante la primera mitad del siglo XVI se puede hablar de una sociedad expansiva, en la que la conciencia dominante es la de estar asistiendo a un engrandecimiento general. En el periodo final del siglo los signos de la crisis se hacen patentes y la noción de la misma se generaliza: la sangría que supusieron las frecuentes guerras y el desprecio generalizado por el trabajo manual fueron causa del crecimiento de la miseria y mendicidad. Enrolarse en el ejército, emigrar al Nuevo Mundo o entrar en religión eran las salidas habituales para huir del hambre.

Esta crisis, estrechamente unida a las derrotas que empezaban a sucederse en el exterior, componían un panorama de decadencia del que Cervantes fue testigo de excepción

Contexto cultural y literario

El siglo XVI, culturalmente, se corresponde con el llamado Renacimiento o primer Siglo de Oro. Se distinguen en él dos periodos, que coinciden con los reinados de Carlos I y Felipe II, cuya diferencia principal está en la distinta actitud que se adopta ante las tendencias e influencias que llegan de fuera: de apertura y aceptación en el primer caso; de rechazo en el segundo. La obsesión de Felipe II de salvaguardar el dogma católico ante cualquier tentación herética, y muy especialmente de la doctrina de la Reforma protestante, propició el hermetismo en que encerró nuestro país durante la segunda mitad del siglo XVI.

Pero no se trató sólo de las directrices de un rey integrista, sino de un conjunto de factores que involucraron a España en la Contrarreforma o Reforma católica. La Contrarreforma fue, ante todo, un movimiento de regeneración de la Iglesia romana, que se inició en España y que culminó en el Concilio de Trento. La Contrarreforma implicaba todo un cambio en el modelo de sociedad que iba mucho más allá del pensamiento teológico.

Otra corriente espiritual íntimamente unida al Renacimiento fue el erasmismo. Erasmo de Rotterdam constituía la figura representativa de un tipo de religiosidad profunda, más allá de los aspectos externos del culto; propugnó una vuelta a las virtudes de la Iglesia primitiva y a las fuentes originales, con la traducción directa de los textos bíblicos. Su impronta en la cultura española se dejó sentir sobre todo durante el reinado de Carlos I. Los principales erasmistas españoles fueron Luis Vives y los hermanos Alfonso y Juan de Valdés.

El Renacimiento español fue negado en función de las raíces musulmana y judía de nuestra cultura, pero algunos estudiosos lo han reivindicado vinculándolo con una actitud intelectual esencialmente humanística. El humanismo buscó un saber enciclopédico que asegurara el lugar predominante del individuo como centro del universo. La identificación de humanismo y Renacimiento permite extender este último durante todo el siglo XVI.

Las corrientes renacentistas habían comenzado a introducirse en España ya en el siglo XV, a través de los contactos con Italia. El humanista italiano Pedro Mártir de Anglería (1459-1526) enseñó en la corte de los Reyes Católicos, y Antonio de Nebrija, gran conocedor del humanismo italiano, escribió la *Gramática de la lengua castellana* (1492), primera gramática de una lengua romance.

El Renacimiento despreciaba el saber medieval, de base teológica, al que contraponía un nuevo saber basado en la antigüedad clásica. La cultura de la antigüedad clásica se convirtió en centro de máxima atención para el hombre renacentista. Se concedió gran importancia a las humanidades –gramática, retórica, poética, historia, filosofía– y dentro de éstas al estudio de la gramática, pues se consideraba que el buen uso del lenguaje era la base de todo conocimiento.

En literatura convivieron los modelos grecolatinos y los autores italianos. El resultado fue una literatura rica en efectos sensoriales y estilísticos que persigue la elegancia y equilibrio clásicos.

En la lírica, poetas como Juan Boscán, Garcilaso de la Vega, Fray Luis de León y Fernando de Herrera, siguiendo los modelos italianos, renovaron temas, metros y estilo; esta nueva poesía convivió con la poesía popular y tradicional y con el romancero.

La literatura mística alcanzó su plenitud con figuras tan relevantes como Santa Teresa de Jesús y San Juan de la Cruz.

En la narrativa, al lado de los libros de caballerías surgieron otros géneros novelescos: novela pastoril, morisca, bizantina, picaresca, con cultivadores de la talla del anónimo autor del *Lazarillo*.

El teatro, en la primera mitad del siglo XVI, fue continuador del teatro medieval. Juan del Encina, Lucas Fernández, Torres Naharro, que configuró su propia teoría dramática, y Gil Vicente, cuyo teatro recogió y aglutinó tradiciones precedentes, son representantes del teatro de esta época.

En la segunda mitad del siglo, el teatro llamado «teatro prelopista» buscaba nuevos cauces, pero no olvidó las expresiones dramáticas del periodo anterior. Así, se intensificó el teatro religioso y el teatro escolar, a la vez que la vuelta a la antigüedad clásica propugnada por el Renacimiento favorecía el teatro de tipo clasicista con la imitación de las tragedias griegas y latinas. Las compañías italianas de la «commedia dell'arte», cuya presencia en España se documenta a partir de 1535, influirían en la nueva orientación que tomó el teatro. Éste buscaba en la intriga y el enredo la esencia de la teatralidad y se inspiraba fundamentalmente en fuentes costumbristas.

Las representaciones teatrales se popularizaron, lo que propició la profesionalización de autores y actores; el teatro pasó a ser un negocio rentable cuyos beneficios fueron aprovechados por hospitales, cofradías y otras asociaciones benéficas. En este sentido se considera a Lope de Rueda «padre del teatro español», debido a su triple actividad de actor, autor y director de una compañía de cómicos.

Un lugar importante en el teatro del siglo XVI le corresponde a Juan de la Cueva, que incorporó a la representación escénica asuntos y personajes de la historia nacional, temática de la que se nutrirían los dramaturgos el siglo XVII.

Los primeros años del siglo XVII, aceptado generalmente como siglo del Barroco, fueron la gran época de las artes y de las letras. La excepcional figura de Cervantes sirve de puente entre Renacimiento y Barroco, entre el teatro prelopista y la comedia barroca.

Sobre la vida y la obra de Cervantes

Apunte biográfico

Cervantes fue bautizado el 9 de octubre de 1547 en Alcalá de Henares, y parece probable que su nacimiento tuviera lugar el 29 de septiembre, día de la festividad de San Miguel. Su familia, por problemas económicos, cambió de residencia varias veces y desde 1566 se estableció en Madrid, donde Cervantes estudió bajo la tutela de Juan López de Hoyos.

En 1569, quizá huyendo de la justicia por causa de un duelo, marchó Cervantes a Italia en el séquito del cardenal Acquaviva. Poco después se alistó como soldado en la compañía de Diego de Urbina y participó en la batalla de Lepanto, en la que peleó heroicamente; en el combate recibió varias heridas, entre ellas la que le dejó inútil la mano izquierda. Cervantes siempre recordó con orgullo ese episodio de su vida; en el prólogo de la segunda parte del *Quijote*, quejándose de los

Detalle de un cuadro de Juan Luna y Novicio que representa la batalla naval de Lepanto; en él aparece –con la cabeza descubierta– un personaje que se identifica con Cervantes (Palacio del Senado, Madrid).

insultos de Avellaneda, escribe: «Lo que no he podido dejar de sentir es que me note de viejo y de manco, como si hubiera sido en mi mano haber detenido el tiempo que no pasase por mí, o si mi manquedad hubiera nacido en alguna taberna, sino en la más alta ocasión que vieron los siglos pasados, los presentes, ni esperan ver los venideros».

Cuando en 1575 volvía a España, fue hecho prisionero, junto con su hermano Rodrigo, por los turcos y llevado cautivo a Argel. Cinco años duró su cautiverio, en los que varias veces intentó sin éxito la fuga, hasta que fue rescatado por los padres trinitarios. A pesar de todas las dificultades, sus años de soldado y su cautiverio en Argel son la etapa más positiva en la vida de Cervantes. El regreso a España supuso para él una gran decepción: infructuosamente trató de conseguir un cargo oficial como recompensa a sus servicios y se vio agobiado por problemas económicos y familiares.

En 1584 se casó con Catalina de Salazar y Palacios y por estas fechas parece que estrenó sin éxito varias piezas teatrales. Tres años más tarde fijó su residencia en Sevilla, donde había conseguido el cargo de comisario real de abastos, que unos años después cambió por el de recaudador de alcabalas y otros impuestos. Debido a problemas administrativos en el desempeño de estas comisiones, fue encarcelado en Sevilla en 1597.

Desde 1604 residió con su familia en Valladolid, donde se había establecido la corte, y siguiendo a ésta se traslada a Madrid en 1606. Durante estos años fue notable su actividad literaria: entre 1605 y 1616 publica la primera parte del *Quijote* (1605), las *Novelas ejemplares* (1613), el *Viaje del Parnaso* (1614), las *Ocho comedias y ocho entremeses* y la segunda parte del *Quijote* (1615). Cuando murió, el 23 de abril de 1616, había dejado terminado *Los trabajos de Persiles y Sigismunda*, que se publicaría al año siguiente.

Obra literaria

Poesía

Cervantes cultivó todos los géneros literarios, pero no en todos estuvo a la misma altura. En la faceta poética no llevó a cabo grandes innovaciones y no puede compararse a Góngora o Quevedo; como él mismo dice: «yo, que siempre trabajo y me desvelo / por parecer que tengo de poeta / la gracia que no quiso darme el cielo».

De su poesía conocemos los poemas que incluyó en sus obras en prosa y en algunos cancioneros de la época; en 1569, en un volumen colectivo que su maestro López de Hoyos dedica a las exequias de Isabel de Valois, tercera esposa de Felipe II, se publicaron sus primeras composiciones poéticas. En el *Canto de Calíope*, incluido en *La Galatea*, da su opinión sobre varios poetas contemporáneos.

Su poema más largo es el *Viaje del Parnaso*, publicado en 1614, alegoría burlesca en la que los malos poetas atacan a los buenos. El poema se complementa con un apéndice titulado *Adjunta al Parnaso*, cuyo tema fundamental es la comedia, es decir, el teatro de la época. Hay que recordar también el soneto dedicado al túmulo de Felipe II: «Vive Dios que me espanta esta grandeza».

Utilizó Cervantes todo tipo de metros y cultivó las dos corrientes poéticas de la época: la poesía tradicional y la poesía italianizante.

Narrativa

Es en la narrativa donde Cervantes alcanzó la inmortalidad. *La Galatea*, publicada en 1585, fue su primera novela, y en ella se ajusta a las reglas del género pastoril: presenta un mundo idealizado en el que unos cultos y refinados pastores cuentan sus amores en el marco de una naturaleza convencional. Cervantes aclara en el prólogo que esos pastores son ficciones literarias y máscaras poéticas, por lo que se ha querido ver en *La Galatea* una novela en clave, en la que los distintos personajes representarían a personas reales de la época.

Las mejores novelas las escribirá Cervantes en su vejez. En 1605 se publicó la primera parte del *Quijote*, que tuvo una gran acogida y vio ese mismo año varias ediciones. Animado seguramente por este éxito, Alonso Fernández de Avellaneda –seudónimo de un autor desconocido– publicó en 1614 una continuación del *Quijote*, en la que critica duramente a Cervantes. Éste, en la segunda parte, publicada en 1615, respondió enérgicamente a Fernández de Avellaneda.

Cervantes escribió el *Quijote* contra los libros de caballerías, con la intención «de derribar la máquina mal fundada de estos caballerescos libros, aborrecidos de tantos y alabados de muchos más», intención en la que insiste al final de la novela: «no ha sido otro mi deseo que poner en aborrecimiento de los hombres las fingidas y disparatadas historias de los libros de caballerías». Por eso Cervantes concibió la novela como una parodia en la que Don Quijote se vuelve loco por leer libros de caballerías. Pero el *Quijote* es mucho más que una parodia; Cervantes con su talento extraordinario creó la obra cumbre de nuestra literatura.

En 1613, entre la primera y segunda parte del *Quijote*, publicó Cervantes las *Novelas ejemplares*. En el prólogo reivindica la invención de la novela española: «Soy el primero que ha novelado en lengua castellana, que las muchas novelas que en ella andan impresas, todas son traducidas de lenguas extranjeras, y éstas son mías propias, no imitadas ni hurtadas».

Las *Novelas ejemplares* son doce relatos cortos que tradicionalmente se suelen dividir en dos grupos, según que se acerquen al modelo italiano, de tendencia idealista, o sigan la tendencia realista más acorde con la literatura española. Entre las novelas idealizantes se cuentan: *La señora Cornelia, La española inglesa, La fuerza de la sangre, Las dos doncellas* y *El amante liberal*. En la tendencia realista se encuentran los relatos más logrados: *El celoso extremeño, La ilustre fregona, El coloquio de los perros, La gitanilla, El licenciado Vidriera, El casamiento engañoso* y *Rinconete y Cortadillo*.

Cervantes justifica así la denominación de «ejemplares»: «Heles dado el nombre de ejemplares y si bien lo miras no hay ninguna de

Grabado que figura en una edición de 1781 de Los Trabajos de Persiles y Sigismunda *(Biblioteca Nacional, Madrid).*

quien no se pueda sacar algún ejemplo provechoso...» Sin embargo, la crítica ha dado diferentes interpretaciones a esta afirmación (arrepentimiento tardío, justificación ante el censor...), ya que en las *Novelas ejemplares* el autor muestra situaciones complejas y ambiguas que retratan la realidad de los hombres y de la época.

En 1617, un año después de la muerte de Cervantes, se publicó su última obra: *Los trabajos de Persiles y Sigismunda*, cuyo prólogo firmó tres días antes de morir. Es una novela de aventuras que pertenece al género de la novela bizantina, en la que se encadenan un sinfín de historias e innumerables personajes.

Teatro

Cervantes comenzó a cultivar este género en los años que siguen a su cautiverio en Argel. Entre 1583 y 1585 estrenó varias comedias, sin que se conozca el número exacto; el mismo autor diría: «compuse en este momento hasta veinte comedias o treinta» que, según él mismo afirma, tuvieron un éxito relativo: «todas ellas se recitaron sin que se les ofreciese ofrenda de pepinos ni otra cosa arrojadiza; corrieron su carrera sin silbos, gritos ni barahúndas».

De esta etapa sólo se conservan *El trato de Argel* y *El cerco de Numancia*, que siguen las normas del teatro clasicista y respetan la regla de las tres unidades. *El trato de Argel*, la más antigua, es pieza de valor documental, inspirada en su cautiverio y con elementos autobiográficos. En la tragedia *El cerco de Numancia* dramatiza la resistencia heroica de los numantinos cercados por el ejército romano.

Otras ocupaciones hicieron que Cervantes abandonara este género: «tuve otras cosas en que ocuparme, dejé la pluma y las comedias», pero, pasados los años, lo retomó acercándose más a la reforma teatral propuesta por Lope de Vega en el *Arte nuevo de hacer comedias en este tiempo* (1609): el teatro como diversión, que «da gusto al vulgo».

Ante las dificultades que encontró para estrenar las piezas que tiene escritas, Cervantes las dio a la imprenta y en 1615 publicó *Ocho comedias y ocho entremeses nuevos, nunca representados*, en cuyo prólogo traza la historia de la comedia en España. Algunas de las comedias de esta segunda etapa están inspiradas, desde el punto de vista temático, en sus experiencias durante el cautiverio, como *El gallardo español* y *Los baños de Argel*. En *La gran sultana* el mundo musulmán se evoca desde otra perspectiva y presenta una visión más abierta sobre el problema religioso. La intriga y el enredo se encuentran en *El laberinto de amor* y *La casa de los celos*. *El rufián dichoso*, cuyo protagonista alcanza la santidad, es ejemplo de comedia hagiográfica, y en ella la ruptura de las unidades de tiempo (pasan trece años) y de lugar (de Sevilla se pasa a México) se justifica en un diálogo entre la Comedia y la Curiosidad. *La entretenida* puede considerarse como una comedia de capa y espada, y *Pedro de Urdemalas*, la mejor comedia de Cervantes, está inspirada en el ambiente picaresco.

Pero es en los entremeses, incluidos en el mismo volumen de las comedias, donde Cervantes se revela como maestro indiscutible. La crítica literaria, que no se pone de acuerdo en cuanto a la teatralidad de sus comedias, es unánime al considerar estas pequeñas piezas como las obras dramáticas de Cervantes que conservan mayor vigencia. En cualquier caso se considera a Cervantes el dramaturgo más significativo anterior a Lope de Vega.

Análisis de los
ENTREMESES

El entremés antes de Cervantes

La palabra entremés designó diversas cosas, entre ellas platos y manjares variados. Desde mediados del siglo XV ya se llamaba así a un intermedio festivo que se intercalaba en celebraciones y festejos públicos, pero hay que llegar a mediados del siglo XVI para encontrar el término usado en su acepción dramática de breve escena cómica insertada en una representación seria o representada separadamente.

Los escritores intercalaban, en las obras dramáticas serias, diálogos cómicos entre personajes secundarios con el fin de aligerar la representación y entretener al público. Estos fragmentos o pasos podían ser cambiados de lugar o suprimidos sin que por ello la obra perdiese unidad; así que, desglosados del contexto, formaron un repertorio de piececitas autónomas que podían ser representadas como intermedios de cualquier obra. Al principio, los textos no estaban fijados y esto permitía la improvisación de los actores.

*Retrato de
Miguel de Cervantes,
pintado por Juan de Jáuregui
(Real Academia Española
de la Lengua).*

Se considera a Lope de Rueda el padre del entremés; las piezas cortas jocosas intercaladas en piezas más largas, que hubo con anterioridad, no pueden ser consideradas estrictamente entremeses. La labor dramática de Rueda fue amplia, pero hasta nosotros sólo han llegado los siete pasos que su amigo Juan de Timoneda publicó en el volumen titulado *El deleitoso* (1567) y tres pasos más que incluyó el mismo editor en *Registro de representantes*. Algunos pasos más se encuentran intercalados en sus comedias y coloquios.

Rueda llevó a escena situaciones sencillas, asuntos tradicionales, con tipos populares y escasos personajes. Sólo tres personajes son necesarios en *Los criados, La carátula, El convidado, La tierra de Jauja, Pagar y no pagar* y *El rufián cobarde*; cuatro personajes en *Las aceitunas, Cornudo y contento* y *Los lacayos ladrones*. No hay que buscar originalidad ni grandes temas en estos pasos. El tipo más repetido y característico es el simple o bobo.

Los entremeses de Cervantes

Hacía más de 30 años que Timoneda había publicado los pasos de Lope de Rueda, cuando aparecieron *Ocho comedias y ocho entremeses nuevos nunca representados*. Entre estos y aquellos, los pocos entremeses que se publicaron, siempre acompañando colecciones de comedias, son anónimos. Por tanto, resulta extraño que, en 1615, Cervantes publicase con su nombre esas ocho piezas breves de un género que los autores dramáticos no tenían en gran consideración, pero en las que Cervantes demuestra una extraordinaria maestría.

Los entremeses de Cervantes, en cierta medida, son continuadores de los pasos de Rueda en cuanto a tipos, chistes y modalidades de diálogo, pero presentan rasgos innovadores. La extremada simpleza del bobo de Rueda desaparece, aunque pervive el personaje en situaciones muy diversificadas: necedad del marido en *La cueva de Salamanca*; ingenuidad de Cristina en *La guarda cuidadosa*, y, sobre todo, la credulidad simple de los espectadores de *El retablo de las maravillas*. Asimismo introduce bailes y música, sustituye los palos e insultos por finales felices y, en general, se observa un mayor refinamiento.

Respecto a los aspectos técnicos de los entremeses cervantinos, hay que señalar una gradación ascendente en complejidad. De la sencillez técnica de *La guarda cuidadosa* –con un solo aparte y un balcón en escena– se pasa a la mayor complicación escénica de *El retablo de las maravillas* y *La cueva de Salamanca*, con seis apartes cada uno, varios cambios de escenario y un repetido juego de teatro dentro del teatro.

Contenido, temas, personajes

Los entremeses cervantinos tratan temas muy variados, pero en el orden que siguen en su primera edición –*El juez de los divorcios, El rufián viudo, Elección de los alcaldes de Daganzo, La guarda cuidadosa, El vizcaíno fingido, El retablo de las maravillas, La cueva de Salamanca* y *El viejo celoso*– se ha querido ver una disposición simétrica desde un punto de vista temático.

Los primeros entremeses tratan el tema amoroso matrimonial –*El juez de los divorcios, El rufián viudo*–; a continuación vienen las piezas de sátira social, ya de ambiente rural –como *Elección de los alcaldes de Daganzo*, que abre el grupo, y *El retablo de las maravillas*, que lo cierra–, ya de ambiente urbano, como *La guarda cuidadosa* y *El vizcaíno fingido*. Termina con dos entremeses –*La cueva de Salamanca* y *El viejo celoso*– que repiten con alguna singularidad el tema amoroso matrimonial.

Según otra clasificación, los ocho entremeses cervantinos se pueden agrupar en dos bloques de cuatro cada uno: en el primero, los personajes están en función del diálogo, y el entremés está formado por una serie de cuadros. Pertenecen a este grupo *El juez de los divorcios, El rufián viudo, Elección de los alcaldes de Daganzo,* y *La guarda cuidadosa*. En el segundo grupo, integrado por *El retablo de las maravillas, El vizcaíno fingido, La cueva de Salamanca* y *El viejo celoso*, predomina la acción y los cuatro consisten en una burla.

Para Eugenio Asensio, *La cueva de Salamanca*, junto con *El vizcaíno fingido* y *El viejo celoso*, son entremeses «de acción», que «presenta[n] una cadena de sucesos causalmente eslabonados que desembocan en un final festivo que tiene mucho de caprichoso, de explosivo y sorprendente. Hay una intriga con personajes activos, hay movimiento hacia una meta». *La guarda cuidadosa, El retablo de las maravillas* y *El rufián viudo* son entremeses «de acción y ambiente»: armonizan el retratismo y el movimiento hacia un desenlace. *La elección de los alcaldes de Daganzo* y *El juez de los divorcios* son piezas estáticas, sin anécdota, en las cuales desfila una serie de personajes a los que confiere cierta unidad la situación común y la presencia de un juez o árbitro.

En *El juez de los divorcios*, se presentan ante el juez varios matrimonios que quieren divorciarse. Las causas que alegan la parejas son diversas: diferencia de edad, incumplimiento del débito conyugal, desavenencias e incompatibilidades. El juez aplaza en todos los casos la sentencia y en el mismo momento entran en escena unos músicos cantando una canción en la que se repite el estribillo: «más vale el peor concierto / que no el divorcio mejor».

En este estribillo han querido ver algunos críticos la afirmación de la moral del entremés, apoyándose para ello en textos de otras obras de Cervantes, como por ejemplo, en este de *Los trabajos de Persiles y Sigismunda*: «En la religión católica el casamiento es sacramento que sólo se desata con la muerte o con otras cosas que son más duras que la misma muerte, las cuales pueden excusar la cohabitación de los casados, pero no deshacer el nudo con que ligados fueron». Otros creen que Cervantes en este entremés destaca la abismal contradicción entre el nombre y el espíritu del matrimonio cristiano cuando no existe el amor mutuo y verdadero entre los cónyuges. La falta de un desenlace en el entremés representa en la intención de Cervantes la imposibilidad de solución para un grave problema de la sociedad.

Los personajes de *El rufián viudo,* uno de los dos entremeses que Cervantes escribió en verso, pertenecen al mundo del hampa. El rufián Trampagos llora la muerte de su amante la Pericona que, a pesar de sus cincuenta y seis años, le proporcionaba grandes beneficios. En el planto[1], estupenda parodia en lenguaje elevado, va transformado los vicios de la daifa en virtudes. Estas lamentaciones son interrumpidas por la llegada de otros rufianes y tres busconas que pretenden sustituir a la muerta en el corazón y en la bolsa de Trampagos. Discuten entre ellas y la Repulida será la elegida por el rufián. Para celebrar la «boda» a lo rufianesco Trampagos se quita el capuz de luto, encarga vino y música, cuando aparece Escarramán, personaje de dos jácaras de Quevedo, rey del hampa, que regresa de Berbería contando sus hazañas de galeote. El entremés termina con Escarramán bailando su propia jácara o baile de *escarramán*.

Hay que destacar en este entremés la mezcla de un lenguaje culto, figurado, del que se ha dicho que es parodia de las *Églogas* de Garcilaso, y la lengua de germanía, propia de las gentes del hampa.

Uno de los personajes del entremés de *La elección de los alcaldes de Daganzo* afirma: «todo lo que se canta toca historia» aludiendo a

---

[1] *planto*: composición literaria en que se lamenta la muerte de una persona.

que el argumento de este entremés se basa en un hecho histórico, conocido probablemente por el público lector de la época: el conde de Coruña, señor feudal de Daganzo, se negó a confirmar por incompetencia a unos alcaldes elegidos por sus vasallos.

Una junta formada por el escribano Estornudo, el bachiller Pesuña y los regidores Algarroba y Panduro tienen que elegir unos alcaldes aldeanos «que sean tales / que no los pueda calumniar Toledo, / sino que los confirme y dé por buenos». A merecer la vara de alcalde se presentan cuatro pretendientes, todos labradores y cristianos viejos, que exponen sus «méritos» ante los electores, presentando sus defectos como cualidades: Humillos, a la pregunta de si sabe leer, contestará con orgullo que en su linaje no se encontrará persona «que se ponga a aprender esas quimeras / que llevan a los hombres al brasero», con clara alusión al tribunal de la Inquisición, pues toda actividad intelectual era sospechosa y dañina; sabe de memoria cuatro oraciones que reza cuatro o cinco veces por semana y con eso y ser cristiano viejo no sólo puede ser alcalde sino que podría ser «un senador romano». Berrocal, borracho empedernido, presenta su vicio como virtud: puede distinguir entre sesenta y seis vinos diferentes. Jarrete sabe leer un poco, anda en el b-a-ba desde hace tres meses, y además tiene otras cualidades: sabe calzar un arado, marcar con el hierro novillos, tirar con el arco, no es sordo ni tiene cataratas. Pedro Rana tiene sentido común: no se dejaría sobornar y sería justo pero también misericordioso; trataría con la misma humanidad al pobre que al poderoso.

La llegada de un sacristán, que interrumpe las deliberaciones reprochando a los electores incumplimiento del deber, da pie para que Cervantes exponga el ideal de separación entre el poder civil y religioso. La intervención de un grupo de gitanos que cantan y bailan hace que la elección de alcalde quede aplazada.

En *El vizcaíno fingido,* el joven Solórzano y su amigo Quiñones traman un ardid para engañar a Cristina, una ambiciosa prostituta, que consiste en el trueque de una cadena de oro fino por otra de alquimia (de latón), aunque su intención, según dice, es sólo para gastar una broma: «ni ha de ser con ofensa de Dios, ni con daño de la burlada...» Pero la broma se cumple puntualmente con el recurso de acreditarla con un falso vizcaíno, cuyas transgresiones lingüísticas, tan repetidas en los entremeses, harían las delicias del público. La buscona Cristina cae en la trampa y pierde diez escudos que había prestado sobre la cadena y el dinero invertido en una cena, pero como afirma Solórzano «la codicia rompe el saco».

El entremés incluye una escena en la que Cristina y Brígida, otra buscona, comentan una nueva pragmática que reglamenta el uso de los coches y ordena a las mujeres andar con el rostro descubierto; el cómico diálogo deja entrever cierta crítica social acerca de una crisis de valores que se da en los primeros años del siglo XVII.

Aunque para algunos críticos este entremés es una obra débil y defectuosa desde el punto de vista dramático, para otros se trata de una obra perfecta en su género por la habilidad del autor en llevar la trama, por la excelente caracterización de los personajes y por la rica lengua, llena de color, malicia e intención.

El retablo de las maravillas tiene como tema una burla con viejas raíces folclóricas: el paño o pintura maravillosos que son invisibles para los bastardos. El retablo del entremés es invisible también para los conversos.

El espectador o lector es cómplice de Chanfalla, el estafador que lleva a cabo la burla; observa el comportamiento de los espectadores del ilusorio retablo. Todos tienen la seguridad de ver el retablo porque todos se consideran hijos legítimos de sus padres y cristianos viejos, pero en realidad no están completamente seguros de ello. Y de hecho, cuando no ven las escenas que Chanfalla les describe, su seguridad se viene abajo. Eso sí, procuran que los demás no se enteren: *Basta, que todos ven lo que yo no veo, pero al fin habré de decir que lo veo por la negra honrilla.*

Para Zimic, «*El retablo de las maravillas* es una parábola de la mentira y de la hipocresía humanas, pues todos, "autores" y público, reniegan de la verdad a sabiendas, por motivos innobles o por estupidez». Por ello considera que el protagonista es un personaje colectivo que representa un mal de toda la sociedad.

Aunque todos los entremeses de Cervantes son de implicación universal, pues Cervantes muestra la naturaleza esencial del hombre más allá de las circunstancias, en *La cueva de Salamanca* y *La guarda cuidadosa* un personaje es el foco de todas las acciones y en él se destaca un vicio o necedad como problema individual.

En *La guarda cuidadosa* un soldado y un sacristán se disputan el amor de la fregona Cristina, tema que enlaza con el viejo debate medieval entre el caballero y el clérigo. En el entremés los dos pretendientes discuten sobre cuál de ellos puede ofrecer mejor situación económica a Cristina. Ésta, con una visión práctica, se decidirá por el sacristán que puede «ganar de comer como un príncipe» y no por aquel anacrónico soldado que se considera «el más galán hombre del mundo».

Para algunos críticos el soldado de *La guarda cuidadosa* representa al propio Cervantes, pobre, desengañado y siempre perdedor. Zimic sugiere que el blanco de la sátira paródica de este entremés puede ser Lope de Vega, guardián vigilante de la casa de Elena Osorio y, como el soldado del entremés cervantino, desdeñado por su amada. Por esa razón –según Zimic– Cervantes no dio nombre a su soldado: los madrileños le reconocerían sin dificultad alguna.

El tema de *La cueva de Salamanca* tiene sus raíces en un cuentecillo popular difundido por Europa siglos antes. Cervantes ha sustituido al cura del cuento por dos galanes, un sacristán y un barbero, y al pícaro embaucador lo transforma en un estudiante que ha aprendido nigromancia en Salamanca. Introduce además una criada, cómplice de la mujer adúltera. Los entremeses de *El dragoncillo* de Calderón y *El astrólogo tunante* de Bances Candamo repiten, con variaciones, este mismo tema.

El personaje del estudiante está tomado de una leyenda local de la cueva de Salamanca. Pero también tiene raíces históricas ya que, dentro de las siete artes liberales, la magia o arte divinatoria era disciplina que se impartía en la universidad salmantina.

El estudiante del entremés cervantino es un personaje doblemente teatral: instala una ficción dentro de la ficción; improvisa un espectáculo en el que participan todos.

El tema del marido burlado, con sus innumerables variantes, es frecuente en los entremeses, porque la función primordial del entremés es divertir al público, aun a costa de las flaquezas humanas, y no exaltar unos determinados valores, como el honor; eso queda reservado para las comedias, a las que los entremeses sirven de contrapunto y complemento festivo. Pero Cervantes, además, hace amable la inversión de valores porque el adulterio es evitado. El diferente código que utilizan la comedia y el entremés para tratar el tema de la honra ha sido objeto de numerosos estudios.

En el entremés de *El viejo celoso* Cervantes retoma el tema de los matrimonios desiguales por edad, que ya vimos en *El juez de los divorcios*, y el de lo inútil de las precauciones para guardar a una mujer, si ésta no se quiere guardar, como sucede en *La cueva de Salamanca*.

La jovencísima Lorenza, casada con el viejo Cañizares, vive encerrada por los terribles celos de éste. Por ello acepta, después de algunos titubeos, que la alcahueta Ortigosa le proporcione un galán. El galán entra, estando el viejo presente, merced a un ardid de Ortigosa. Para dar ocasión a que el galán se vaya, arrojan una bacía de agua a los ojos del viejo, que queda momentáneamente ciego, momento que aprovecha el mozo para salir.

Tanto en *El viejo celoso* como en *El juez de los divorcios*, se aprecia la postura de Cervantes, que no acepta lo rutinario y establecido y se rebela contra lo convencional: tanto Mariana como Lorenza cuestionan el matrimonio como estructura represiva, en la que no existe libertad para la mujer.

La crítica ha adoptado, básicamente, dos posturas ante los entremeses de Cervantes. Para unos, estas piezas no tendrían otra trascendencia que el mero deleite cómico que producen. Serían diversión, risa y excluirían cualquier otra preocupación. Para otros, tras la comicidad se esconde una intención crítica y ejemplar.

Pero lo indudable es que los entremeses de Cervantes ejercieron considerable influjo en los entremesistas posteriores. Como afirma Asensio: «Lo seguro es que los mejores entremesistas del tiempo de Felipe IV leyeron apasionadamente el teatro chico de Cervantes, y saquearon sin escrúpulo sus personajes, situaciones, ocurrencias festivas y gracias verbales. Creo que, si Cervantes no dejó escuela, influyó hondamente en la tonalidad irónica, en la amalgama de realismo e imaginación que caracteriza a Quiñones de Benavente y otros autores de su tiempo.»

Lengua y estilo

La lengua de Cervantes se caracteriza por las varias tonalidades que la matizan. En cuanto a la lengua de los entremeses, hay que destacar el uso de la prosa en seis de ellos y del verso en dos: *El rufián viudo* y *La elección de los alcaldes de Daganzo*, ambos en endecasílabos sueltos, aparte de las jácaras del primero. Pero siempre, sea prosa, sea verso, la lengua se ajusta a la índole de las situaciones y a la condición de los personajes.

En ocasiones reproduce la espontaneidad y viveza del habla popular. De ahí las repeticiones, exclamaciones, imperativos, interjecciones y, en general, todo tipo de manifestaciones expresivas y apelativas del lenguaje; abundan las comparaciones, casi siempre cómicas, con términos disparatados; recurre con frecuencia a la inclusión de frases hechas, refranes, locuciones proverbiales, etc.

La comicidad de los entremeses cervantinos se basa más en el lenguaje que en las situaciones. Cervantes usa, con una finalidad cómica, distintos tipos de lenguas: latín deformado, que denota el carácter pedante del personaje; la lengua de germanía, propia de los individuos del hampa; deformaciones lingüísticas o arcaísmos significativos de la rudeza y rusticidad de los aldeanos...

Pero, aparte de todos estos rasgos que pertenecen a la lengua literaria de los entremeses, Cervantes es un magnífico ejemplo de la prosa cotidiana de su época, algunas de cuyas características explicamos aquí con el objeto de no tener que repetirlas en las notas de todos los entremeses:

– Simplificación de los grupos cultos de consonantes: *colunas, prática, solenes, efeto, esentas, espectativa, estremo*. Otras veces conservan las formas cultas: *demonstraciones, mentecapto*.

– Vacilación en el timbre de las vocales átonas: *recebido, recebiría, monesterio, mochacha*.

– Amalgamas de la preposición *de* más el artículo, demostrativos o pronombres personales: *desta, dellos, deste, dél, desas*.

– Asimilación de la *-r* del infinitivo con la *l* del pronombre enclítico: *hacellos* «hacerlos», *descargalle* «descargarle», *defendella* «defenderla», *escuchallas* «escucharlas», *remedialle* «remediarle», etc.

– Alternancia de formas: *esto* y *aquesto*; *ahora* y *agora*; *eso* y *aqueso, doscientos* y *docientos, mesmo* y *mismo, traciende* y *trasciende, habemos* y *hemos, deciende* y *desciende*.

– Uso de formas arcaicas: *casaríades* «casaríais», *veredes* «veréis», *quisiéredes* «quisiereis», *habemos gozado* «hemos gozado», *habemos visto* «hemos visto», *caya* «caiga», *tráyanosle* «tráiganosle», *do* «donde», etc.

– Uso de las formas analíticas de futuro o condicional: *quedarse ha* «se quedará», *serle ha* «le será», *espantarse ía* «se espantaría».

– Uso de formas de imperativo con pérdida de la *-d* final: *entrá, mirá, salí* «salid».

– Vulgarismos: *agüela, trujesen, escuro, escuridad, semblea* «asamblea», *trairé, vía* «veía», *denantes*, etc.

– Uso de la terminación *–stes* para la segunda persona del plural del pretérito que responde a la etimología latina: *hallastes* «hallasteis», *comistes* «comisteis», *llevastes* «llevasteis».

Los entremeses cervantinos, hoy: ediciones y representaciones.

- Los entremeses de Cervantes se publicaron por primera vez en *Ocho comedias y ocho entremeses nuevos, nunca representados*, año 1615, en Madrid. En el siglo XIX fueron publicados por Cayetano Rossell en *Obras completas de Cervantes*, tomos X-XII *Obras dramáticas*, Rivadeneyra, Madrid, 1864.

- Desde los primeros años del siglo actual son numerosas las ediciones de los entremeses de Cervantes, entre ellas las de R. Schevill y A. Bonilla (D. Rodríguez, Madrid, 1915-1922, 6 vols.); Real Academia Española (Tipografía de la RABM, tomo VII, Madrid, 1923); A. Valbuena Prat (Aguilar, Madrid, 1952, vol. I); F. Ynduráin (Biblioteca de Autores Españoles, Madrid, 1962); J. Alcina Franch (Barcelona, 1967); Eugenio Asensio (Castalia, Madrid, 1970); J. Canavaggio (Taurus, Madrid, 1982); F. Sevilla y A. Rey (Planeta, Barcelona, 1987).

- Nuestra edición se basa en la edición príncipe de 1615, con algunas mínimas correcciones que se indican con corchetes.

- Estas breves piezas dramáticas que, cuando su autor las sacó a la luz, no habían sido representadas, gozaron y gozan de gran atractivo para las gentes del teatro, no sólo por la influencia literaria que ejercieron sobre otros dramaturgos –Ostrovsky, Bertolt Brecht, García Lorca–, sino también porque en tiempos recientes se cuentan, dentro del teatro clásico, entre las obras más representadas.

- García Lorca, que ensalza «el ritmo, la sabiduría, la gracia totalmente modernos del entremés de don Miguel de Cervantes», incluye en el repertorio de «La Barraca» *La cueva de Salamanca*, *La guarda cuidadosa* y *El retablo de las maravillas*.

- Manuel Muñoz Carabantes, en un estudio que se cita en la bibliografía, cataloga las puestas en escena de obras dramáticas de Cervantes entre los años 1939 y 1991. Pues bien, prescindiendo de las comedias y de las dramaturgias sobre el *Quijote* y ciñéndonos sólo a los entremeses, nos encontramos con que se representó: *El retablo de las maravillas*, en 26 temporadas; *La cueva de Salamanca*, en otras 26; *El viejo celoso*, en 25 temporadas; *La guarda cuidadosa*, en 23 temporadas; *El juez de los divorcios*, en 15 temporadas; *El vizcaíno fingido*, en 5 temporadas; *La elección de los alcaldes de Daganzo*, en 4 temporadas; *El rufián viudo*, en 2 temporadas.

Prácticamente no ha habido temporada teatral en la que no se haya representado algún entremés cervantino.

Opiniones sobre

Cervantes y los ENTREMESES

«Ha habido un Cervantes distinto para cada época, y todas, por lo general, han sido interpretaciones parceladas, que no respondían en realidad al ámbito humano del escritor. Estaban manchadas de un cariz apologético, destacaban la excelsitud de su obra máxima, gritándolo a voz en cuello y sin pararse demasiado a documentar sus asertos. Patriotería, grandilocuencia, fanfarria. Virtudes nada cervantinas, ya lo creo. Cervantes es el extremo opuesto. Cervantes parte de un auténtico patriotismo espiritual en el que no tiene cabida la alharaca de los grandes de la tierra. Cervantes no cree en la nobleza heredada, en la aristocracia de sangre, ni piensa que la ilustre cuna sirva para justificar cosa alguna. Solamente somos hijos de nuestra obras.»

(ALONSO ZAMORA VICENTE: «Cervantes otra vez», prólogo a *Cervantes*, de Melveena McKendrick, Salvat Editores, Barcelona, 1986.)

«Ahora se agoste o no el jardín de mi corto ingenio, que los frutos que él ofreciere, en cualquiera azón que sea, han de ser de Vuestra Excelencia, a quien ofrezco el destas comedias y entremeses, no tan desabridos, a mi parecer, que no puedan dar algún gusto; y si alguna cosa llevan razonable, es que no van manoseados ni han salido al teatro, merced a los farsantes que, de puro discretos, no se ocupan sino en obras grandes y de graves autores, puesto que tal vez se engañan.»

(MIGUEL DE CERVANTES: «Dedicatoria al Conde de Lemos» de la edición de *Ocho comedias y ocho entremeses nuevos,* Madrid, 1615, ed. facsímil, Real Academia Española, Madrid, 1984.)

«Resuelto a ser entremesista, [Cervantes] no quiso esclavizarse a las limitaciones y comercialismo vigente, sino que seleccionó con rigor la materia y los modos de la comicidad. Por de pronto, a pesar del regocijo con que el vulgo lo acogía, renunció a explotar buena parte de lo que suele denominarse paleocómico: el sueño y el hambre, las urgencias del vientre, el miedo oloroso, la bobería primaria. [...] Sin embargo, no fueron sus piezas entremeses de gabinete, ideados para lectores e inhábiles para el tablado. Supo aceptar la óptica del género chico traduciendo la fábula en diálogo animado, gesticulación expresiva, movimiento físico, y envolviéndola en una densa atmósfera de cantares, dichos y alusiones muy adecuada para la respiración del lenguaje cómico.»

(EUGENIO ASENSIO: «Entremeses», en *Suma cervantina*, Tamesis Books, Londres, 1973.)

«El gran valor de los entremeses cervantinos –reconocido universalmente– es, según nosotros, tanto más considerable por el hecho de que los informa una noble preocupación ética y una visión racional, humanista del mundo. Sin convertir el "tablado en púlpito", sin renegar jamás del arte, en sus entremeses, como en todas sus obras, a Cervantes siempre lo impulsa una noble intención ejemplar.»

(STANISLAV ZIMIC: *El teatro de Cervantes*, Castalia, Madrid, 1992.)

«Irreductibles a su circunstancia histórica, los ocho entremeses trascienden también los tópicos del género, llegando a ordenar un mundo dotado de coherencia propia. Es verdad que Cervantes no vacila en satirizar, no sólo rasgos temperamentales u oficios estereotipados, sino actitudes ambiguas, prejuicios de casta, instituciones vaciadas de su sentido primitivo. Pero la risa que desencadena no se encierra en el molde de una ideología determinada: aunque lleve el sello de un momento dado, puede hacerla suya cualquier sociedad que, en el breve espacio de un divertimento carnavalesco, se complace en burlarse de sus valores más queridos.»

(JEAN CANAVAGGIO: «Estudio preliminar» a su edición de Miguel de Cervantes, *Entremeses*, Taurus, Madrid, 1981.)

«¿Qué decir de estas pequeñas obras maestras que son sus entremeses, si los mandarines de nuestras universidades y academias los motejaban hasta fecha reciente de "obrecillas" inmorales, que no cuadraban como argüía virtuosamente uno de ellos, "con la noble producción del gran español"? ¿Fue por dicha razón que Cervantes no pudo verlas representadas en vida? La miopía y cerrazón de nuestra clerecía en torno al problema de las castas y la mitificación de la sangre limpia por los cristianos viejos [...] vedan la comprensión de unas obras que, lejos de ser una colección de alusiones "picantes", constituyen un dechado de gracia y humor, un homenaje recatado pero claro a la tolerancia y a la ley natural del cuerpo.»

(JUAN GOYTISOLO: «Cervantes y la tolerancia», Programa de presentación de la puesta en escena de *Entremeses* de Cervantes, por El Teatro de La Abadía, 1996.)

Cuadro cronológico

Años	Sociedad	Cultura
1547	• Muere Francisco I de Francia.	• Nace Cervantes en Alcalá de Henares.
	• Batalla de Mühlberg.	• Nace Mateo Alemán.
1554		• Se publica el *Lazarillo de Tormes*.
1556	• Abdica Carlos I. Comienza el reinado de Felipe II.	
1557	• Batalla de San Quintín.	
1559	• Paz de Cateau-Cambrésis.	
1561		• Nace Luis de Góngora.
1562	• Guerras de religión en Francia.	• Nace Lope de Vega.
1563	• Se comienza a construir el monasterio del Escorial.	
	• Fin del concilio de Trento.	
1564		• Nacen Galileo y Shakespeare.
		• Muere Miguel Ángel.
1566	• Rebelión en los Países Bajos.	• Muere el Padre las Casas.
1568	• Mueren Isabel de Valois y el príncipe don Carlos.	• Bernal Díaz del Castillo: *Historia verdadera de la conquista de la Nueva España*.
	• Sublevación de los moriscos de las Alpujarras.	
1570	• España, Venecia y el papado constituyen la Santa Liga contra los turcos.	
1571	• Batalla de Lepanto.	• Cervantes es herido en la batalla de Lepanto en el pecho y la mano izquierda.
1575		• Cervantes y su hermano Rodrigo son apresados por los turcos y llevados cautivos a Argel.
1578	• Muere don Juan de Austria.	• Cervantes intenta fugarse por tercera vez del cautiverio.
	• Batalla de Alcazarquivir y muerte del rey don Sebastián de Portugal.	

Años	Sociedad	Cultura
1580	• Anexión de Portugal a la Corona de Castilla.	• Nace Francisco de Quevedo. • Cervantes es rescatado por los frailes trinitarios.
1582	• Gregorio XIII reforma el calendario.	• Muere Santa Teresa de Jesús.
1585	• Alejandro Farnesio recupera Amberes. • Sixto V, papa.	• Cervantes publica la primera parte de *La Galatea.*
1587	• Saqueo de Cádiz por el pirata Drake. • Ejecución de María Estuardo.	
1588	• Derrota de la Armada Invencible.	• El Greco termina *El entierro del conde de Orgaz.* • Publicación póstuma de *Libro de la vida* y *Las moradas*, de Santa Teresa de Jesús.
1591	• Motín en Zaragoza por la detención de Antonio Pérez.	• Mueren San Juan de la Cruz y Fray Luis de León.
1595	• Guerra entre España y Francia.	• Se publica *Guerras civiles de Granada*, de Pérez de Hita.
1597		• Muere Fernando de Herrera.
1598	• Muere Felipe II y sube al trono Felipe III. • Paz con Francia. • Privanza del duque de Lerma.	• Lope publica *La Arcadia* y *La Dragontea.* • Nace Zurbarán.
1599	• Boda de Felipe III con Margarita de Austria.	• Nace Velázquez. • Primera parte del *Guzmán de Alfarache* de Mateo Alemán.
1600	• La Corte se traslada a Valladolid.	• Nace Calderón de la Barca. • Se publica el *Romancero general.*
1601		• Nacen Alonso Cano y Baltasar Gracián.
1604	• Paz con Inglaterra.	• *Primera parte de las Comedias,* de Lope de Vega. • Segunda parte del *Guzmán de Alfarache.*

Años	Sociedad	Cultura
1605	• Nace el futuro rey Felipe IV.	• Se publica la primera parte del *Quijote*.
		• Se publica *La pícara Justina*, de López de Úbeda.
1607	• Crisis económica.	• Nace Francisco Rojas Zorrilla.
1609	• Expulsión de los moriscos.	• Lope publica el *Arte nuevo de hacer comedias* y *La Jerusalén conquistada*.
	• Tregua de los Doce años con los Países Bajos.	
1611	• Muerte de la reina Margarita de Austria.	• *Tesoro de la lengua castellana*, de Covarrubias.
	• Suspensión de las representaciones teatrales.	
1613		• Cervantes publica las *Novelas ejemplares*.
		• Góngora da a conocer *El Polifemo* y *Soledades*.
1614		• Cervantes publica *El viaje del Parnaso*.
		• Se publica el *Quijote* de Avellaneda.
		• Mueren Mateo Alemán y el Greco.
1615		• Cervantes publica *Ocho comedias y ocho entremeses nuevos nunca representados*, y la segunda parte del *Quijote*.
1616	• El duque de Osuna es nombrado virrey de Nápoles.	• Mueren Cervantes y Shakespeare.
1617		• Publicación póstuma de *Los trabajos de Persiles y Sigismunda*.

Bibliografía comentada

Ediciones

Entremeses, ed. de Eugenio Asensio, Clásicos Castalia, Madrid, 1971.

Valiosa edición que corrige algunas erratas de la edición de 1615 y cuenta con una extensa introducción. La anotación es muy escasa.

Entremeses, ed. de Miguel Herrero García, Espasa Calpe (Clásicos Castellanos, n.º 125), Madrid, 1973.

Lo más interesante de esta edición son algunas notas explicativas que aclaran pasajes difíciles.

Entremeses, ed. de Alonso Zamora Vicente, Magisterio Español (Novelas y Cuentos, n.º 292), Madrid, 1979.

Su introducción resulta muy útil porque ofrece un cúmulo de sugerencias que contribuyen a devolver actualidad y vigencia a estas pequeñas piezas dramáticas.

Estudios

ASENSIO, EUGENIO: *Itinerario del entremés. Desde Lope de Rueda a Quiñones de Benavente,* Gredos, 2.ª ed., Madrid, 1971.

Estudio sobre el origen y evolución de este subgénero dramático. Analiza el autor, en primer lugar, las raíces del entremés en ciertos festejos de tipo carnavalesco y las relaciones que hay entre los argumentos de algunos entremeses y la tradición cuentística. A continuación dedica sendos capítulos a los grandes entremesistas: Cervantes, Quevedo, Quiñones de Benavente.

AUTORES VARIOS: «Cervantes y el teatro», *Cuadernos de Teatro Clásico,* n.º 7, Compañía Nacional de Teatro Clásico - Ministerio de Cultura, Madrid, 1992.

Volumen colectivo que reúne estudios de gran interés sobre distintos aspectos del teatro de Cervantes. Para nuestro propósito son aconsejables los siguientes:

HUERTA CALVO, JAVIER: «Figuras de la locura en los entremeses cervantinos» (pp. 55-68), analiza la equivalencia de funciones de un mismo personaje en el entremés y en la comedia.

MUÑOZ CARABANTES, MANUEL: «El teatro de Cervantes en la escena española entre 1939 y 1991» (pp. 141-195), donde se hace un repaso a las representaciones de piezas de Cervantes.

SÁNCHEZ, ALBERTO: «Aproximación al teatro de Cervantes» (pp. 11-30), con una visión de conjunto precedida de una actualizada bibliografía.

CANAVAGGIO, JEAN: *Cervantes, en busca del perfil perdido*, Espasa-Calpe, Madrid, 1992.

Rigurosa biografía de Cervantes, hecha por un estudioso que también ha dedicado otros trabajos a su obra dramática. Se completa con una copiosa bibliografía.

GARCÍA LORENZO, LUCIANO: *El teatro menor en España a partir del siglo XVI*, C.S.I.C. (Anejos de la revista Segismundo), Madrid, 1983.

Recoge los textos de las ponencias presentadas en un Coloquio Internacional celebrado en Madrid y dedicado al estudio de las piezas dramáticas breves (loas, bailes, entremeses, etc.). Especialmente recomendable es la pronunciada por Jean Canavaggio, «García Lorca ante el entremés cervantino: el telar de *La zapatera prodigiosa*», en la que demuestra la relación de la farsa de Lorca con los entremeses de Cervantes.

MCKENDRICK, MELVEENA: *Cervantes,* Salvat Editores (Biblioteca Salvat de Grandes Biografías), Barcelona, 1986.

Relato completo, documentado e imparcial de la vida de Miguel de Cervantes. Ofrece además valoraciones que ayudan a comprender mejor a este gran escritor. Libro muy recomendable.

ZIMIC, STANISLAV: *El teatro de Cervantes,* Literatura y Sociedad, 53, Castalia, Madrid, 1992.

Se trata de una síntesis de los estudios del autor, modificados y ampliados, sobre las obras dramáticas de Cervantes. Interesa especialmente el prólogo, donde da una visión general del teatro cervantino, y las cien últimas páginas, en las que dedica un capítulo a cada uno de los entremeses. De estos estudios se deriva una comprensión global de los problemas ideológicos y estéticos que preocupan a Cervantes en su literatura dramática.